# Philosophiephilosophie

Richard Raatzsch

# Philosophie-philosophie

2. Auflage

Richard Raatzsch
EBS Universität für Wirtschaft und Recht
Wiesbaden, Deutschland

ISBN 978-3-658-04435-0          ISBN 978-3-658-04436-7 (eBook)
DOI 10.1007/978-3-658-04436-7

Die Deutsche Nationalbibliothek verzeichnet diese Publikation in der Deutschen Nationalbibliografie; detaillierte bibliografische Daten sind im Internet über http://dnb.d-nb.de abrufbar.

Springer VS
1. Auflage: Reclam Verlag, Stuttgart, 2000
2. Auflage: © Springer Fachmedien Wiesbaden 2014
Das Werk einschließlich aller seiner Teile ist urheberrechtlich geschützt. Jede Verwertung, die nicht ausdrücklich vom Urheberrechtsgesetz zugelassen ist, bedarf der vorherigen Zustimmung des Verlags. Das gilt insbesondere für Vervielfältigungen, Bearbeitungen, Übersetzungen, Mikroverfilmungen und die Einspeicherung und Verarbeitung in elektronischen Systemen.

Die Wiedergabe von Gebrauchsnamen, Handelsnamen, Warenbezeichnungen usw. in diesem Werk berechtigt auch ohne besondere Kennzeichnung nicht zu der Annahme, dass solche Namen im Sinne der Warenzeichen- und Markenschutz-Gesetzgebung als frei zu betrachten wären und daher von jedermann benutzt werden dürften.

*Lektorat:* Frank Schindler, Stefanie Loyal

Gedruckt auf säurefreiem und chlorfrei gebleichtem Papier

Springer VS ist eine Marke von Springer DE.
Springer DE ist Teil der Fachverlagsgruppe Springer Science+Business Media.
www.springer-vs.de

# Inhalt

Philosophiephilosophie | 7

Nachwort | 109

Nachbemerkung zur 2. Auflage | 117

# Philosophiephilosophie

## I.

**1.** Bertrand Russell hat einmal gesagt, eine echte philosophische Untersuchung habe diese Form: Sie beginne mit etwas ganz Alltäglichem und Vertrautem und ende mit etwas völlig Unglaublichem und Unerhörtem.[1] In diesem *aperçu* steckt viel drin. Man kann sogar sagen, *wieviel:* genau die Hälfte dessen, was drin sein sollte. Die *ganze* Wahrheit ist diese: eine echte philosophische Untersuchung beginnt mit etwas ganz Alltäglichem und Vertrautem, mündet in etwas völlig Unglaublichem und Unerhörtem, um schließlich wieder beim ganz Alltäglichen und Vertrauten zu enden.

Im Angesicht der ganzen Wahrheit wird das, was Russell als sprachlichen Ausdruck des völlig Unglaublichen und Unerhörten ansieht, zum *Nebel der philosophischen Sätze*. Nur der Philosoph selbst kann sich aus diesem auch wieder an das *Licht des Vertrauten und Alltäglichen* bringen. Machen wir zunächst ein wenig Nebel.

---

1 Vgl.: B. Russell, *The Philosophy of Logical Atomism*, in: ders., Collected Papers, Bd. 8, London: Allen and Unwin 1984, S. 172.

# II.

2. Gefragt, von welcher Art Russells Bemerkung ist, würden wir wohl zunächst sagen, sie sei eine philosophische Bemerkung über die Philosophie. Sie gehörte damit, wie man sagen kann, zur *Philosophie der Philosophie*. – Aber was ist das: Philosophie der Philosophie? *Eine* Antwort auf die Frage liegt auf der Hand: Philosophie der Philosophie ist die philosophische Disziplin, deren Gegenstand die Philosophie selbst ist, also diejenige philosophische Disziplin, welche die Philosophie philosophisch untersucht.

Außer der Philosophie der Philosophie gibt es noch andere philosophische Disziplinen, wie etwa die *Philosophie des Geistes* oder die *Ästhetik*. Frage: Was ist Philosophie des Geistes? Eine naheliegende Antwort: Das ist die philosophische Disziplin, deren Gegenstand der Geist ist, die den Geist philosophisch untersucht. Nun scheint es, dass für den möglichen Erfolg einer philosophischen Untersuchung des Geistes zwei Voraussetzungen erfüllt sein müssen:

(1) es muss dafür gesorgt sein, dass man den Geist *philosophisch* untersucht; und

(2) es muss gesichert sein, dass man wirklich den *Geist* untersucht.

Die Erfüllung der ersten Voraussetzung soll uns davor schützen, dass wir statt einer *philosophischen* Untersuchung etwa eine *psychologische* anstellen. Dieses Schutzes bedürfen wir, solange wir *nicht* der Überzeugung sind, dass hier *kein* Unterschied besteht. Die Erfüllung der zweiten Voraussetzung sollten wir fordern, falls wir *nicht* dazu neigen, zum Beispiel den *Geist* und das *Schöne* zu identifizieren. Beide Voraussetzungen scheinen in dem Sinne *unabhängig* voneinander zu sein, als Verstöße gegen sie zwei Fehler markieren, von denen *jeder ohne den anderen* begangen werden kann. Denn dass einer *nicht* den Geist philosophisch untersucht hat, kann nicht nur bedeuten, dass er überhaupt nichts getan hat oder dass er irgendetwas, nur nicht den Geist, irgendwie, nur nicht philosophisch, untersucht hat, sondern es kann auch heißen, dass er nicht den Geist, sondern etwas anderes – etwa das Schöne – philosophisch untersucht hat, oder dass er zwar den Geist untersucht hat, aber eben nicht philosophisch.

Ähnliches ließe sich von der Ästhetik sagen, der Philosophie des Schönen, wie auch von den anderen philosophischen Disziplinen. Der einzige Unterschied wäre der, dass eben in der zweiten Bedingung statt vom Geist vom Schönen die Rede wäre, oder einem anderen *Gegenstand* philosophischer Untersuchungen. Die erste Bedingung bliebe bei allen diesbezüglichen Wechseln fast unberührt. Das bedeutet, dass diese Bedingung leicht verallgemeinerbar ist zu folgender Formulierung:

(I) Um überhaupt *irgendetwas* philosophisch untersuchen zu können, muss irgendwie dafür gesorgt sein, dass die Untersuchung im Gebiet des Philosophischen begonnen, durchgeführt und beendet wird.

**3.** *Was* sorgt dafür? Eine naheliegende Antwort lautet: die Ausbildung des Philosophen. Nur: Wer bildete den Ausbilder, den Ausbilder der Ausbilder, ..., den letzten in dieser Reihe und zugleich den ersten in der Zeit aus? Wenn dieser schon von Natur aus philosophieren konnte, warum soll es ein Heutiger dann nicht können? Natürlich kann keine dieser Antworten uns befriedigen, denn in diesem Sinne von »für etwas sorgen« wollen wir gar nicht wissen, was dafür sorgt, dass eine Untersuchung tatsächlich eine philosophische ist. Sondern uns interessiert die Frage, woher wir wissen, dass dem so ist.

Also: *Woher* weiß man, was es heißt, etwas philosophisch zu untersuchen? Es ist klar, welche Antwort bereit steht, gegeben zu werden: Diese Einsicht vermittelt uns die *Philosophie der Philosophie* oder, wie sie auch genannt wird, die *Meta-Philosophie*, kurz: die *Philosophiephilosophie*.

Die Philosophiephilosophie muss eine überaus wichtige Disziplin sein – jedenfalls für Philosophen. Denn wenn sie ihrem Daseinszweck gerecht wird, dann gibt sie uns Mittel an die Hand, zu entscheiden, ob eine gegebene Untersuchung eine philosophische ist oder nicht, oder ob sie einer solchen doch zumindest nahe kommt und wie nahe. Könnte von einer solchen Disziplin nicht gesagt werden, dass nur sie uns das *Wissen* vermittelt, welches uns überhaupt erst erlaubt, irgendeine philosophische Untersuchung auch mit dem Bewusstsein dessen, worauf es ankommt, anzustellen?

Die Philosophie der Philosophie gäbe uns mithin Klarheit über das *Fundament* des Philosophierens. Was wir anstreben, wenn wir Metaphilosophie treiben, sind also *Einsichten* in das, was Philosophie und Philosophieren grundsätzlich ausmacht.

**4.** Die *Überzeugung*, dass die Meta-Philosophie, oder wie immer man das Unternehmen nennen mag, dies alles leisten muss, und die *Hoffnung*, dass sie es auch *kann*, haben immer wieder Anhänger gefunden. Dies ist umso weniger verwunderlich, als die Überzeugung und die Hoffnung einhergehen mit der *Klage* über ein scheinbares Charakteristikum des Philosophierens, das man »fehlende Übereinstimmung in Bezug auf die Akzeptanz philosophischer Sätze« nennen könnte.

Charakteristisch scheint diese Klage zumindest für *die* Phase der Philosophie, in der unsere philosophische Sprache gesprochen wird, in der wir uns also heimisch fühlen. Nach Gilbert Ryle beginnt diese Phase mit John Locke. Sicher könnte man hier auch andere Namen nennen. Hegel etwa bemerkt über Descartes:

Hier, können wir sagen, sind wir zu Hause und können wie der Schiffer nach langer Umherfahrt auf der ungestümen See ›Land‹ rufen; ...[2]

Bei Descartes selbst lesen wir, wofür die ungestüme See als Gleichnis steht:

Von der Philosophie will ich nur so viel sagen: Ich sah, dass sie von den ausgezeichnetsten Köpfen einer Reihe von Jahrhunderten gepflegt worden ist und dass es gleichwohl noch nichts in ihr

---

2  G. W. F. Hegel, *Vorlesungen über die Geschichte der Philosophie*, Band III, in: ders., Werke, Bd. 20, Frankfurt a. M.: Suhrkamp 1986, S. 120. Ryle macht seine Bemerkung in seinem klassischen Aufsatz: *John Locke* (in: G. Ryle, Collected Papers. Volume I. Critical Essays, London: Hutchinson 1971, S. 147).

gibt, worüber nicht gestritten würde und was folglich nicht zweifelhaft wäre; ...³

Das Hin und Her, das Auf und Ab der Meinungen, der ewige Streit der Ansichten wecken in Descartes, wie vorher schon in anderen, den tiefen Zweifel am Philosophieren als solchem. Für ihn ist dieser Zweifel jedoch nicht der End-, sondern der Ausgangspunkt, das für ihn vielleicht wichtigste philosophische Problem. Und es ist das *Problem*, welches für Hegel das Zeichen der Zusammengehörigkeit ist, nicht seine cartesianische *Lösung*.

Ähnlich scheint es Immanuel Kant zu empfinden, wenn er 150 Jahre nach Descartes' Bemerkung in der Geschichte der Metaphysik immer noch ein »bloßes Herumtappen«⁴ sieht. Und weitere 150 Jahre danach spricht Moritz Schlick in einem Aufsatz mit dem Titel »Die Wende der Philosophie« von einem »Chaos der (philosophischen, R.R.) Systeme«, allerdings um gleich hinzuzufügen:

(Dies) eigentümliche Schicksal der Philosophie wurde so oft geschildert und beklagt, dass es schon trivial ist, davon überhaupt zu reden, und dass schweigende Skepsis und Resignation die einzige der Lage angemessene Haltung zu sein scheinen.⁵

---

3 R. Descartes, *Von der Methode des richtigen Vernunftgebrauchs und der wissenschaftlichen Forschung*, I. 12, übers. und hrsg. v. L. Gäbe, französisch-deutsch, Hamburg: Meiner 1997 (2., verbesserte Aufl.), S. 15.

4 I. Kant, *Kritik der reinen Vernunft*, in: ders., Werke, Band III, herausgegeben von W. Weischedel, Frankfurt a.M.: Suhrkamp 1974, B XV. (Im folgenden abgek.: *K. d. r. V.*)

5 M. Schlick, »Die Wende der Philosophie«, in: ders., *Gesammelte Aufsätze. 1916–1936*, Wien: Gerold Verlag 1938, zitiert aus der schönen Sammlung: K. Salamun (Hrsg.), *Was ist Philosophie? Neuere Texte zu*

**5.** Der Titel von Schlicks Aufsatz deutet schon an, dass sein Autor nicht wirklich resigniert und nur scheinbar die Rückkehr zum alten Skeptizismus empfiehlt. Aber unabhängig von dem, was Schlick nun als »die endgültige Wende der Philosophie« anpreist, auffallend an solchen Äußerungen, deren Auflistung lange fortgesetzt werden könnte[6], ist bereits die *Selbstverständlichkeit,* mit der die Vielfalt der Systeme als ein *Mangel* empfunden und dargestellt wird.

Bemerkenswert ist die Selbstverständlichkeit der *Klage* über die Vielfalt der Systeme angesichts dessen, dass Übereinstimmung ja kein *Wert an sich* ist. Wenn in einem Land alle Leute die gleichen Kleider trügen, ohne dass politischer Zwang oder ökonomischer Mangel dies bedingte, wäre das dann besser, als wenn sich alle verschieden anzögen? Vielfalt ist *an sich* also weder gut noch schlecht. Das heißt, wer die Verschiedenheit philosophischer Ansichten *beklagt,* verleiht damit zugleich der *Ansicht* Ausdruck, dass zur Natur philosophischer Sätze etwas gehört, das diese Vielfalt vermeidenswert macht. – Was könnte der Vielfalt der philosophischen Sätze entgegenstehen, wenn nicht die Wahrheit, die den Sätzen der Philosophie eignen soll?

**6.** Nun gibt, wer von einem »Chaos der Systeme« spricht, ja immerhin zu, dass es durchaus *eine* Art von Ordnung in der Philosophie geben kann, nämlich diejenige, welche es erlaubt, von *Systemen* zu reden. Man muss viel-

---

*ihrem Selbstverständnis,* Tübingen: J. C. B. Mohr (Paul Siebeck) 1992 (3. Aufl.), S. 14.
6 Siehe hierzu: N. Rescher, *The Strife of Systems. An Essay on the Grounds and Implications of Philosophical Diversity,* Pittsburgh: University of Pittsburgh Press 1985.

leicht nicht unbedingt gleich von einem System der Philosophie reden, aber wenn Descartes das Bild einer Stadt verwendet, die ohne klaren und einheitlichen Plan gewachsen ist, und wenn Kant gerade mal 5 Seiten braucht, um nur einen »flüchtigen Blick auf das Ganze der bisherigen Bearbeitung derselben (d. i. der reinen Vernunft, R. R.) zu werfen, welches freilich meinem Auge zwar Gebäude, aber nur in Ruinen vorstellt«[7], dann kann man immerhin noch darauf bestehen, dass eine Ruine und eine wildgewachsene Stadt keine Schutthaufen sind.

Ein in einer Hinsicht ähnliches, in einer andern dagegen gerade entgegengesetztes Bild benutzt Wittgenstein, wenn er über die *kritische* Orientierung seiner eigenen Untersuchung sagt:

Woher nimmt die Betrachtung ihre Wichtigkeit, da sie doch nur alles Interessante, d.h. alles Große und Wichtige, zu zerstören scheint? (Gleichsam alle Bauwerke; indem sie nur Steinbrocken und Schutt übrig lässt.) Aber es sind nur Luftgebäude, die wir zerstören, und wir legen den Grund der Sprache frei, auf dem sie standen.[8]

Die »systematische« Ordnung der Sätze der Philosophie wird mit Schlicks Worten (oder denen der Anderen) nicht herabgesetzt. Aber insofern diese Ordnung nur bezogen ist

---

7 Vgl.: R. Descartes, *Von der Methode ...*, II. 1, a. a. O., S. 19 ff.; I. Kant, *K. d. r. V.,* A 852/B 880. Vgl. aber auch das Zitat in Fußnote 21.
8 L. Wittgenstein, *Philosophische Untersuchungen,* hrsg. v. G. E. M. Anscombe, G. H. v. Wright und R. Rhees, in: ders., Werkausgabe, Band 1, Frankfurt a. M.: Suhrkamp 1984 (im Text fortan abgek.: *PU*), § 118.

auf die Gedanken *eines* (oder, falls es das geben sollte, *einer* Gruppe von) Philosophen, ist sie auch nicht der Punkt seiner Klage. Diese Art von Ordnung allein kann nicht genügen. Wirklichen Wert hat nur Übereinstimmung unter *allen möglichen* Philosophen.

Es geht dabei natürlich nicht um einen Zweifel an der *Aufrichtigkeit*, mit der ein Philosoph seine Sätze äußert und die der anderen ablehnt. Auch dreht sich das Problem nicht um mangelnde *Klugheit*. Es betrifft die »ausgezeichnetsten Köpfe«, wie Descartes sie nennt, die nicht zur Übereinstimmung zu bringen sind, nicht die »bezahlten Klopffechter« und »Seichtbeutel«. In diesem Sinne interessieren uns auch nicht die einzelnen *Personen*, die Philosophie treiben, sondern die *Sätze*, in denen die Philosophie niedergelegt wird. Das Problem besteht in deren *allgemeiner Akzeptabilität*.

**7.** Das Beklagen des Mangels an Übereinstimmung unter den Philosophen über die Sätze der Philosophen geht einher mit dem *Verdacht*, es stimme etwas grundsätzlich nicht mit der *Methode* des Philosophierens. So schreibt Immanuel Kant in seiner *Vorrede* zur zweiten Auflage der *Kritik der reinen Vernunft*:

… wenn es nicht möglich ist, die verschiedenen Mitarbeiter in der Art, wie die gemeinschaftliche Absicht erfolgt (übrigens ein schönes Wort an dieser Stelle, R. R.) werden soll, einhellig zu machen: so kann man immer überzeugt sein, dass ein solches Studium bei weitem noch nicht den sichern Gang einer Wissenschaft eingeschlagen, sondern bloß ein Herumtappen sei, …[9]

---

9  I. Kant, *K. d. r. V.,* B VII.

Für Descartes verbindet sich mit einer derartigen Diagnose als erstem Schritt der Therapie die Suche nach einer Methode, die zu einem Ende der Streitigkeiten führen wird. Ebenso versteht Kant seine *Kritik der reinen Vernunft* als »... ein Traktat von der Methode, nicht ein System der Wissenschaft selbst; ...«[10] Und Schlick proklamiert:

> Die Gegenwart ist, so behaupte ich, bereits im Besitz der Mittel, die jeden derartigen Streit (der Systeme, R.R.) im Prinzip unnötig machen; es kommt nur darauf an, sie entschlossen anzuwenden.

Wenn man dies tut, dann liege die »durchaus endgültige Wendung der Philosophie« in Reichweite.[11] Wittgenstein schreibt schließlich in § 133 seiner *Philosophischen Untersuchungen,* übrigens dem letzten Paragraphen seines »Kapitels« über das Philosophieren:

> Denn die Klarheit, die wir anstreben, ist allerdings eine *vollkommene*. Aber das heißt nur, dass die philosophischen Probleme *vollkommen* verschwinden sollen.
>
> Die eigentliche Entdeckung ist die, die mich fähig macht, das Philosophieren abzubrechen, wann ich will. – Die die Philosophie zur Ruhe bringt, so dass sie nicht mehr von Fragen gepeitscht wird, die *sie selbst* in Frage stellen. – Sondern es wird nun an Beispielen eine Methode gezeigt, und die Reihe dieser Beispiele kann man abbrechen. – Es werden Probleme gelöst (Schwierigkeiten beseitigt), nicht *ein* Problem.

---

10 Ebd., B XXII. Vgl. auch die Vorrede zur ersten Auflage.
11 M. Schlick, *Die Wende* ..., a.a.O., S. 14.

Die Methoden, die Descartes, Kant, Schlick und Wittgenstein vorschlagen, sind, wie wir wissen, jeweils verschieden. Allen gemeinsam ist die Auffassung, gesucht sei ein Mittel zum Zweck des Herbeiführens von Übereinstimmung. Mit dieser Auffassung der Methode(n) als Mittel verbindet sich ein begriffliches Problem, dem wir uns zunächst zuwenden müssen. Nehmen wir dabei im Folgenden der Einfachheit halber an, dass die Mittel in einer solchen Beziehung zu den Lösungen stehen, dass man diese oder jene Lösung *immer* mit diesem oder jenem Mittel bekommt und dass dieses oder jenes Mittel *immer* zu dieser oder jener Lösung führt. Diese Annahme ist insofern explizit zu machen, als, wie das letzte Zitat von Schlick schon andeutet, immer wieder die Idee auftaucht, die Probleme eines einfachen Mittel-Zweck-Schemas könnten durch die Einführung eines zusätzlichen Faktors: die *richtige Anwendung* des Mittels (der Methode), gelöst werden. Aber alles, was im Folgenden gesagt wird, lässt sich für diese Erweiterung reformulieren.

**8.** »Die Methode ist das Mittel zur Erreichung des Zwecks der allgemeinen Übereinstimmung.« – Nun, wenn es uns nur darum geht, den Streitereien ein Ende zu setzen, dann fällt einem ja gleich ein absolut sicheres Mittel ein: tödliches Gift. Wenn die Übereinstimmung nicht nur in Schweigen bestehen soll, dann kommt man auch mit milderen Drogen hin.

Aber das sind freilich keine Mittel, sondern *Karikaturen* von Mitteln. Auch versteht es sich von selbst, dass die (System-)Streitereien aufhören, wenn *alle* das *gleiche* Mittel – sprich: die gleiche Methode – (richtig) anwenden. Das hat nichts damit zu tun, dass man ein *neues* Mittel hätte.

In einem Sinne, kann man also sagen, waren die Philosophen *schon immer* im Besitz solcher Mittel. Sie hätten einfach nur alle die Methode des *ersten* Philosophen zu übernehmen brauchen und es hätte kaum Streit gegeben, oder sie hätten sich später nur auf die Methode *irgendeines* Philosophen zu einigen brauchen und sie hätten dem Streit potentiell ein Ende bereitet. Und wenn es wirklich *so* beklagenswert ist, dass in der Philosophie keine Einigkeit besteht, wäre es dann noch *so* schlimm, einfach das Los darüber entscheiden zu lassen, wessen Methode man zur allgemeinen Methode macht? – So wird die Sache natürlich trivialisiert.

Dem entgehen wir, wenn wir zwischen *faktischer* und *berechtigter* Übereinstimmung unterscheiden. Wenn alle Leute glauben, dass der Regen von unten nach oben fällt, dann stimmen sie zwar überein, aber *unberechtigterweise*. Der Zustand der Philosophie war nicht notwendig besser, als es nur *einen* Philosophen gab, und er wäre nicht unbedingt besser, wenn von heute an alle Philosophen das Gleiche sagen würden. Faktische Übereinstimmung läge wohl auch in einer Situation vor, in der das erfolgreich wäre, was Kant »despotische Herrschaft des Dogmatismus« nennt.[12] Zu faktischer Übereinstimmung gelangten wir vielleicht ebenso, wenn wir alle die Worte eines Philosophen als die der *Autorität* nehmen würden.[13]

Aber die *wahre* Ordnung philosophischer Sätze ist nicht

---

12 Vgl.: Kant, *K. d. r. V.* A IX.
13 Siehe hierzu den Aufsatz von Blaise Pascal: »Von der Autorität auf philosophischem Gebiete« (in: ders., *Gedanken* (Pensées), übersetzt und eingeleitet durch B. v. Herber-Rohow, mit einer Einführung von R. Eucken, Bd. I, Jena und Leipzig: Diederichs 1905, S. 2–11).

dadurch ausgezeichnet, dass sie *de facto* über den Einzelnen hinausgeht, sondern dadurch, dass jeder, der denken *kann*, frei zustimmen muss, wenn sie erst einmal entdeckt ist. »Zustimmen muss« in dem Sinne, in dem man nicht leugnen kann, dass es regnet, wenn man mitten im Regen steht und sonst keine besonderen Umstände vorliegen. So wenig wie *faktische* Übereinstimmung hinreicht, so wenig reicht eine *tatsächlich* angewendete Methode *als solche*. Gesucht wird die *wahre* Methode. Sie soll das Mittel sein, welches *berechtigte* Übereinstimmung erreichbar macht. Berechtigte Übereinstimmung schließlich ist diejenige, die *Wahrheit* garantiert, soweit diese überhaupt garantiert werden kann. Erst wenn alle Leute glauben, dass der Regen von oben nach unten fällt, stimmen sie auch berechtigterweise überein.

9. In dem Augenblick, in dem wir die Unterscheidung zwischen faktischer und berechtigter Übereinstimmung einführen – und es scheint, dass wir dies tun müssen, wenn wir Dogmatismus, Offenbarung, Autorität entsagen wollen – wird es zum Problem, von einer bestimmten Methode als einem *Mittel* zur Erreichung der berechtigten Übereinstimmung als dem *Zweck* zu reden. Denn nun brauchen wir ein *Kriterium*, welches es uns erlaubt, zwischen berechtigter und nichtberechtigter Übereinstimmung *zu unterscheiden*. Wir müssen, mit anderen Worten, den Zustand beschreiben können, den wir anstreben, und die Beschreibung muss über die Konstatierung des Mangels an Streit hinausgehen. Denn wir können, wie wir gesehen haben, nicht einfach sagen: Die berechtigte Übereinstimmung ist diejenige, worin immer sie bestehen mag, zu welcher unsere Methode, welche immer es sein mag, uns führen wird.

Worin aber soll der Unterschied zwischen dem Zustand der berechtigten und dem der unberechtigten Übereinstimmung liegen, wenn nicht in dem Unterschied zwischen der *wirklichen* und der nur *vermeintlichen* Lösung der philosophischen Probleme, in dem Unterschied also zwischen dem Wahren und dem Falschen? Aber wenn wir schon wissen, was die wirkliche Lösung der philosophischen Probleme ist, haben wir dann nicht auch schon alles, was wir haben wollen? Sind wir dann nicht in einer Position, in der wir sogar auf die faktische Zustimmung der anderen *verzichten können* und es unter bestimmten Bedingungen sogar *sollten*? Denn sollen wir der faktischen Übereinstimmung halber unsere wahren Einsichten aufgeben und ihre falschen übernehmen? Wäre dies nicht, als sagte man: »Du hast Unrecht, aber ich es glaube es.«? Andererseits, wenn faktische Übereinstimmung allein uns nicht genügen kann, wenn sie zuweilen sogar von Übel ist, warum sollen wir ihre Abwesenheit dann noch beklagen? Wieso sollen wir den philosophischen Methoden dann noch misstrauen? – Aber dieses Misstrauen war doch unser Ausgangspunkt!

**10.** Diesen Weg sind wir bisher gegangen: Die fehlende Übereinstimmung der Philosophen über ihre Sätze erschien uns als Mangel. Aufrichtigkeit und Klugheit des einzelnen Philosophen waren uns nicht genug. Die fehlende Übereinstimmung weckte den Verdacht, dass wir nicht die wahre Methode haben. Also suchten wir nach einer, die uns zur Übereinstimmung führen kann. Aber in einem Sinne kann dies jede Methode. Also müssen wir zwischen berechtigter und unberechtigter Übereinstimmung unterscheiden. Die wahre Methode soll diejenige sein, die uns zu berechtigter Übereinstimmung führen kann. Berechtigte Übereinstimmung ist, was immer sie sonst noch sein mag, auf jeden Fall Übereinstimmung über wahre Sätze. Also können wir die wahre Methode nur identifizieren, wenn wir die wirklichen von den vermeintlichen, nur für wahr gehaltenen, Lösungen unterscheiden können. Wenn wir dies können, brauchen wir die Übereinstimmung aber nicht mehr. Wir befinden uns, wie es scheint, in einem Dilemma.

# III.

**11.** Wie sind wir da hineingeraten? Soweit wir konsequent unserem Weg folgten, dieser uns aber an eine Stelle führt, an der es nicht weitergeht, kann nur der Schritt, der uns überhaupt erst auf unseren Weg brachte, ein Fehlschritt gewesen sein. Gehen wir also noch einmal an den Anfang zurück und sehen uns die Bedingungen an, die, wie es schien, erfüllt sein müssen, um von einer philosophischen Untersuchung des Geistes zu reden. Wenn das, was von der einen philosophischen Disziplin gilt, auch auf die anderen zutrifft, dann müssen für metaphilosophische Untersuchungen die folgenden zwei Voraussetzungen erfüllt sein:

(1') Es muss klar sein, was es heißt, die Philosophie *philosophisch* zu untersuchen;

und

(2') Es muss gesichert sein, dass man tatsächlich die *Philosophie* untersucht.

Die Erfüllung der ersten Voraussetzung soll uns dagegen versichern, dass wir nicht statt einer *philosophischen* Untersuchung der Philosophie z. B. eine *psychologische* anstellen. Dies sollten wir zu vermeiden suchen, solange wir *nicht* der Überzeugung sind, dass *kein* Unterschied zwischen beiden besteht. Von welcher Disziplin hatten wir uns versprochen, dass sie uns Antworten auf die mit den beiden Bedingungen verbundenen Fragen liefert? Nun, von der Meta-Philosophie. Und hier liegt *jetzt* unser Problem. Wenn man bereits wissen muss, was eine philosophische Untersuchung ist, *bevor* man die Untersuchung anstellt, was eine solche Untersuchung ist, dann kann es nicht das *Resultat* dieser Untersuchung sein, dass man es nun weiß. Aber genau dies sollte ihr *Zweck* sein. Vor der Meta-Philosophie müssten wir eine Meta-Meta-Philosophie haben und vor dieser wieder eine Meta-Meta-Meta-Philosophie und immer so weiter ins Unendliche. Also kann man eigentlich *nie* wissen, was eine philosophische Untersuchung ist, und demzufolge nie sicher sein, ob man gerade eine angestellt hat oder nicht! Dann können wir wohl auch nicht wissen, ob überhaupt jemals jemand wirklich philosophiert hat! – Eine aberwitzige Idee? Nun, Schlick schreibt, es sei kein Trost, auf die endliche Lösung einiger Fragen nach über 2000 Jahren hinzuweisen, wenn die Befürchtung ist, dass »die Philosophie es nie zu einem echten ›Problem‹ bringen wird.«[14] Und doch haben zumindest dies zahlreiche Philosophen geglaubt.

**12.** Einen Ausweg scheint diese Überlegung zu bieten: Was Philosophie ist, ist eine der Fragen, auf die wir, wie auf viele andere philosophische Fragen auch, nie eine *endgültige* Antwort haben werden. Wir philosophieren, sozusagen, *auf Vorbehalt,* und was wir *jetzt* oder zu *irgendeiner* Zeit fordern und erhoffen dürfen, sind eben bestenfalls Aufrichtigkeit und Konsequenz. Der Rest wird sich, so bleibt zu hoffen, im Voranschreiten schon finden. Bernard Williams etwa schreibt mit Bezug auf die Ethik:

---

14 M. Schlick, *Die Wende* ..., a. a. O., S. 14.

There might seem to be a circle in this: philosophy, in asking how Socrates' question (How should one live? R. R.) might be answered, determines its own place in answering it. It is not a circle but a progression.[15]

Dies sieht einerseits aus wie ein *Kompromiss:* Man gibt um der Realisierung eines Teils des Erwünschten willen ein wenig von den ursprünglichen Forderungen auf. Aufgeben sollten wir die Hoffnung, dass wir *jetzt* schon dies und das wissen müssten, oder dass wir dies und das *endgültig* wissen sollten. Dafür bekommen wir dann *Schritt für Schritt* das, was wir gerne haben wollen: allgemein akzeptable philosophische Einsichten. Insofern erscheint der Kompromiss zugleich als *Lösung* unseres Problems.

Aber angenommen, einer sagt: »Hingidingis hat es nie gegeben und wird es niemals geben!« Wissen wir jetzt, *was* es, wenn er die Wahrheit sagt, nie gegeben hat und nie geben wird? Natürlich nur dann, wenn wir wissen, was Hingidingis sind. Aber wenn er uns nun auf unsere diesbezügliche Frage antwortet: »Woher soll ich wissen, was Hingidingis sind, wenn sie doch nicht existieren?«, was sollen wir dann sagen? Natürlich, dass sein erster Satz Unsinn war. Allgemein ausgedrückt: Wenn man sagt, wir werden etwas nie (nicht endgültig) haben, dann muss man, damit man hiermit die Wahrheit sagen kann, wissen, *wie das aussieht (sich anhört, anfasst, schmeckt ..., kurz: wie man es beschreiben kann), was man nie (nicht endgültig) haben wird.* Hier wiederholt sich also nur auf anderem Gebiet, was wir vorstehend am Ver-

---

15 B. Williams, *Ethics and the Limits of Philosophy,* London: Fontana und Collins 1985, S. 3 f. Siehe auch das nächste Zitat von Kant.

hältnis von Mittel und Zweck gesehen hatten: dass man den Zweck beschreiben können muss, wenn man von etwas sagen will, es sei ein Mittel, ihn zu erreichen. Wenn man aber, um sinnvoll sagen zu können, man werde nie eine endgültige Antwort auf die Frage nach der Natur der Philosophie haben, schon wissen muss, wie eine solche endgültige Antwort aussehen müsste, was bräuchten wir dann noch *zusätzlich* zu diesem Wissen, um die endgültige Antwort auf die Frage schon zu haben? Die Lage ist doch hier nicht von der Art der Lage, in welcher der Kommissar ist, wenn er sagt: »Wir werden nie wissen, ob der Butler oder der Gärtner der Mörder war, angesichts dessen, dass nur einer von beiden es gewesen sein kann, beide ein Motiv hatten und keiner ein Alibi, es keine Zeugen und keine Indizien gibt, und beide Verdächtigen nicht mehr am Leben sind«.

**13.** »Wir werden nie (endgültig) wissen, was Philosophie ist!« – Aber ist unser Problem denn ein *zeitliches*? Wir sagen zwar: *bevor* man eine philosophische Untersuchung anstellen kann, müsse man wissen, wie eine solche ausschaut. Aber interessiert uns hierbei etwa, was der Untersuchende *vor* seiner Untersuchung macht? Wir wollen doch keine Antwort von der folgenden Form: Wenn man sicher gehen will, auf die richtige Weise zu philosophieren, sollte man vorher dafür sorgen, dass der Pfandleiher einen nicht bei der Arbeit stören wird! Nein, das ist wieder nur die Karikatur eines Vorschlages zur Lösung unseres Problems.

In unserer Betrachtung ging es nicht um *sachliche*, sondern um *begriffliche* Bedingungen, um ein *Kriterium*, welches es erlaubt, zwischen einer philosophischen und einer nichtphilosophischen philosophischen Untersuchung zu unterscheiden. Und dieses Kriterium sollte uns die Meta-Philosophie liefern. Der Fehler im Mittel-Zweck-Bild ist das Verwechseln einer *begrifflichen* mit einer *sachlichen* Bedingung.

**14.** Die Verwechslung von Begrifflichem mit Sachlichem findet ihren prägnantesten Ausdruck in der Wahl des Bildes von der Meta-Philosophie als dem *Fundament,* welches der Philosophie zugrunde liegt. Denn ein Fundament ist schließlich etwas, was in einem *zeitlichen* Sinn vor dem Bau da sein muss, damit es diesen tragen kann. Weil unser Problem aber gar *kein* zeitliches Problem ist, kann es auch *keine* relevante generelle *Alternative* sein, das Bild vom Fundament durch Neuraths schönes Bild zu ersetzen, welches durch W. V. O. Quine berühmt wurde:

Wie Schiffer sind wir, die ihr Schiff auf offener See umbauen müssen, ohne es jemals in einem Dock zerlegen und aus besten Bestandteilen neu errichten zu können.[16]

Neuraths Bild ist der Ausdruck des Kompromisses, den man zu schließen geneigt ist, wenn man die Probleme sieht (oder ahnt), die mit dem Bild vom Fundament und dem darauf

---

16 O. Neurath, »Protokollsätze«, in: ders., *Gesammelte philosophische und methodologische Schriften,* Bd. 1, Wien 1981, S. 579. Vgl.: R. Haller, *Neopositivismus. Eine historische Einführung in die Philosophie des Wiener Kreises,* Darmstadt: Wissenschaftliche Buchgesellschaft 1993, S. 150 ff.; Th. Uebel, »Naturalismus im Wiener Kreis. Zur Wissenschaftstheorie Otto Neuraths«, In: *Dialektik* 1997/3, 51–68. Quine hat das Bild zur Illustration seines naturalistischen Philosophieverständnisses benutzt, etwa als eines der beiden Mottos zu: *Word and Object,* Cambridge, Mass.: The M. I. T. Press 1960.

errichtetem Bau verbunden sind, ohne diese Probleme jedoch als Ergebnis der Verwechslung begrifflicher mit sachlichen Bedingungen zu durchschauen. Statt vermieden zu werden, zieht sich die Verwechslung begrifflicher mit sachlichen Bedingungen bis in den Kompromiss hinein. Insofern die Quelle unserer Schwierigkeiten aber diese Verwechslung ist, kann keine Position, die sie *nicht* vermeidet, wirklich eine Lösung sein. Das neue Bild bietet nur eine *Schein*lösung.

Soweit das neue Bild dem alten *entgegengesetzt* ist, es also vor ihm als seinem Hintergrund zu betrachten ist, es mit ihm in diesem Sinne eine *Einheit* bildet, bedeutet es trotzdem auch einen *Fortschritt*. Denn es geht einher mit dem Bewusstsein der Schwierigkeiten, die sich aus dem alten Bild ergeben. Sofern das neue Bild jedoch nicht als *Ausdruck* dieser Schwierigkeiten, sondern als deren *Beseitigung* betrachtet wird, wenn es also *an die Stelle* des »fundamentalistischen« Bildes tritt, statt auf seine Schwäche hinzuweisen, soweit es also als Lösung unseres metaphilosophischen Problems aufgefasst wird, statt als eine seiner möglichen Formulierungen, ist es nur ein *metaphilosophisches Dogma*.

Und offenbart Neuraths (und vor allem Quines) Gleichnis dies bei genauerem Hinsehen nicht auch? Denn wie kann man dieses Bild als Alternative ansehen, wenn man nicht zugleich sagen kann, wie ein Dock aussähe, was dort Zerlegen und Neuerrichten hieße und wie die besten Bestandteile beschaffen wären? Und was fehlte uns denn noch, wenn wir dies alles beschreiben könnten? – Freilich, diese Kritik liefert noch keine Antwort darauf, was es ist, das den einen mit größter Selbstverständlichkeit zum Gleichnis von der Philosophie als einem Bau und den anderen mit der gleichen Sicherheit zum Gleichnis von der Philosophie als einem Schiff auf hoher See greifen lässt.

**15.** Die Mittel-Zweck-Variante kann, so wie sie dasteht, nicht befriedigen. Ähnliches gilt von der Kompromissvariante. Aber diese kann man auch als den ungeschickten Ausdruck einer veränderten Sicht auf unser Problem sehen. Im Lichte unserer vorstehenden Bemerkungen ist das Wichtige an ihr, dass für sie die Tatsache der fehlenden Übereinstimmung unter Philosophen in Bezug auf ihre eigenen Sätze nur mehr ein *transitorischer* Mangel ist. Eine *prinzipielle* Änderung, also eine, die den *Begriff* der Philosophie berührt, deutet sich dagegen in den folgenden Worten Kants an:

Lasset demnach euren Gegner nur Vernunft sagen, und bekämpfet ihn bloß mit Waffen der Vernunft. Übrigens seid wegen der guten Sache (des praktischen Interesses) außer Sorgen, denn sie kommt in bloß spekulativem Streite niemals mit ins Spiel. Der Streit entdeckt alsdenn nichts, als eine gewisse Antinomie der Vernunft, die, da sie auf ihrer Natur beruhet, notwendig angehört und geprüft werden muss. Er kultiviert dieselbe durch Betrachtung ihres Gegenstandes auf zweien Seiten, und berichtigt ihr Urteil dadurch, dass er solches einschränkt. Das, was hierbei *streitig* wird, ist nicht die Sache, sondern der Ton. Denn es bleibt euch noch genug übrig, um die vor der schärfsten Vernunft gerechtfertigte Sprache eines festen Glaubens zu sprechen, wenn ihr gleich die des Wissens habt aufgeben müssen.[17]

---

17 Kant, *K. d. r. V.* B 772 f./A 744 f.

Hegel schließlich hat das Bild in voller Deutlichkeit. Am 30. Dezember 1801 schreibt er an Hufnagel:

Es läuft gegenwärtig wieder etwas Neues vom Stapel, nämlich das erste Heft eines kritischen Journals der Philosophie, das ich in Gesellschaft von Schelling ... herausgebe und das die Tendenz hat, teils die Anzahl der Journale zu vermehren, teils dem unphilosophischen Unwesen Ziel und Maß zu setzen; die Waffen, deren sich das Journal bedienen wird, sind sehr mannigfaltig; man wird sie Knittel, Peitschen und Pritschen nennen; – es geschieht alles der guten Sache und der gloriae Dei wegen; ...«[18]

Es solle nun, so die offizielle Ankündigung, »endlich reine Bahn gemacht sein und unter der Hand der Kritik der Grund und Boden der wahren Philosophie sich von selbst bilden können und ruhig emporsteigen.[19] Über die Kritik heißt es dann in der *Einleitung* zum Journal:

Die Kritik, in welchem Teil der Kunst oder Wissenschaft sie ausgeübt werde, fordert einen Maßstab, der von dem Beurteilenden ebenso unabhängig als von dem Beurteilten, ... sei.

Wäre die doppelte Unabhängigkeit des Maßstabes nicht gesichert, könnte von *objektiver* Kritik – also einer, von der allgemeine Zustimmung gefordert werden kann – keine Rede

---

18 G. W. F. Hegel, *Briefe*, Bd. I, S. 65, zitiert aus: E. Moldenhauer und K. M. Michel, »Anmerkung der Redaktion zu Band 2«, in: G. W. F. Hegel, *Werke in zwanzig Bänden*, Band 2, Jenaer Schriften 1801–1807, Frankfurt a. M.: Suhrkamp 1970, S. 588 f.
19 F. W. J. Schelling und G. W. F. Hegel, »[Ankündigung des kritischen Journals]. Kritisches Journal der Philosophie, hrsg. v. F. W. J. Schelling und G. W. F. Hegel«, in: ebd., S. 170.

sein. Der Maßstab kann aber selbst nur ein philosophischer sein. Also bedarf es wohl einer Philosophie *vor* der Philosophie. Hegel sieht also ganz klar, wo unser Problem liegt. Im Unterschied zu den anderen nimmt er aber nun nicht alles wieder halb zurück. Sondern die Idee einer Philosophie vor der Philosophie nennt Hegel

… eine Vorstellung, auf welche, so großen Trost sie enthalten mag, eigentlich keine Rücksicht zu nehmen ist. Dass die Philosophie nur *eine* ist und nur *eine* sein kann, beruht darauf, dass die Vernunft nur *eine* ist; und sowenig es verschiedene Vernunften geben kann, ebensowenig kann sich zwischen die Vernunft und ihr Selbsterkennen eine Wand stellen, durch welche diese eine wesentliche Verschiedenheit der Erscheinung werden könnte; denn die Vernunft absolut betrachtet und insofern sie Objekt ihrer selbst im Selbsterkennen, also Philosophie wird, ist wieder nur eins und dasselbe und daher durchaus das Gleiche.[20]

**16a.** Hegel sieht also das Dilemma. Sein Versuch der Auflösung ist so einfach, wie er grandios ist. Er besagt: Der Maßstab, den wir in der Kritik verwenden, ist »von dem ewigen und unwandelbaren Urbild der Sache selbst [d.i.: der Philosophie, R.R.] hergenommen …«[21] Ein

---

20 Die letzten beiden Zitat aus: G.W.F. Hegel (unter Mitwirkung von F.W.J. Schelling), »Einleitung. Über das Wesen der philosophischen Kritik überhaupt und ihr Verhältnis zum gegenwärtigen Zustand der Philosophie insbesondere«, in: ebd., S. 171f. Siehe auch seine »Einleitung« in die *Enzyklopädie*, § 10. Vgl. hierzu auch: M. Heidegger, *Was ist das – die Philosophie?*, Pfullingen: Neske 1956.

21 G.W.F. Hegel, »Einleitung …«, a.a.O., S. 171. Vgl. auch: F.W.J. Schelling, »Über die Möglichkeit einer Form der Philosophie überhaupt«, in: ders., *Sämtliche Werke*, 1. Abt., 1. Band, Stuttgart und Augsburg: Cotta 1856, S. 85–112, wo Schelling, S. 87, auf Kants *Kritik der reinen Ver-*

solches Urbild kann aber nicht etwas *vor* der Philosophie Bestehendes sein, denn mit ihm ist zugleich die Philosophie schon gegeben. Die Philosophie muss nur nicht stets schon in ihrer *vollen Form,* dem *System,* gegeben sein. Das Urbild muss es nun deshalb geben, weil *kein* grundsätzlicher Unterschied besteht zwischen einem *Beurteilen der Wahrheit* und einem *Verstehen des Inhaltes* dessen, was Philosophen als solche sagen:

Wenn es verschiedene Begriffe von der Wissenschaft der Philosophie gibt, so setzt zugleich der wahrhafte Begriff allein instand, die

---

*nunft* bezogen, meint, dass ihm »von Anfang an nichts dunkler und schwieriger schien, als der Versuch, eine Form aller Philosophie zu begründen, ohne dass doch irgendwo ein Princip aufgestellt war, durch welches nicht nur die allen einzelnen Formen zu Grunde liegende Urform selbst, sondern auch der nothwendige Zusammenhang derselben mit den einzelnen von ihr abhängigen Formen begründet worden wäre.« Angesichts der folgenden Bemerkungen, die Kant gegen Ende der *Kritik der reinen Vernunft* macht, ist es nicht klar, inwieweit Schellings Kritik Kant wirklich trifft – und inwieweit damit Schelling und Hegel tatsächlich Neues einbringen –: »Niemand versucht es, eine Wissenschaft zu Stande zu bringen, ohne dass ihm eine Idee zum Grunde liege. Allein, in der Ausarbeitung derselben entspricht das Schema, ja sogar die Definition, die er gleich zu Anfange von seiner Wissenschaft gibt, sehr selten seiner Idee; denn diese liegt, wie ein Keim, in der Vernunft, in welchem alle Teile, noch sehr eingewickelt und kaum der mikroskopischen Beobachtung kennbar, verborgen liegen. Um deswillen muss man Wissenschaften, weil sie doch alle aus dem Gesichtspunkte eines gewissen allgemeinen Interesse ausgedacht werden, nicht nach der Beschreibung, die der Urheber derselben davon gibt, sondern nach der Idee, welche man aus der natürlichen Einheit der Teile, die er zusammengebracht hat, in der Vernunft selbst gegründet findet, erklären und bestimmen. Denn da wird sich finden, dass der Urheber und oft noch seine spätesten Nachfolger um eine Idee herumirren, die sie sich selbst nicht haben deutlich machen und daher den eigentümlichen Inhalt, die Artikulation (systematische Einheit) und Grenzen der Wissenschaft nicht bestimmen können.« (*KdrV* B 862, A 834)

Werke der Philosophen zu *verstehen,* welche im Sinne desselben gearbeitet haben. Denn bei Gedanken, besonders bei spekulativen, heißt Verstehen ganz etwas anderes, als nur den grammatischen Sinn der Worte fassen und sie in sich zwar hinein, aber nur bis in die Region des Vorstellens aufzunehmen.[22]

**16b.** Bis in Details hinein gleiche Gedanken findet man bei – Frege. In seinen *Grundlagen der Arithmetik* nennt er »das Wissen des Nichtwissens« als die »erste Vorbedingung des Lernens«. In dem Nachlasstext »Logik in der Mathematik« sagt er, sich dabei kritisch gegen Weierstrass wendend, worin dieses Nichtwissen besteht: im Fehlen des Ideals des Systems der Mathematik. Was man also zuerst braucht, ist ein Bewusstsein darüber, dass es eines Ideals des Systems der Mathematik bedarf. Was heißt es nun, sich dessen bewusst zu sein, wenn nicht erstens, dass man weiß, wie ein solches Ideal auszusehen hat, und zweitens, dass ein solches nicht existiert? Insofern aber Ideale dadurch existieren, im Unterschied zu ihrer allgemeinen Anerkennung als solche, dass jemand sie kennt, lässt sich die erste Bedingung nicht erfüllen, ohne dass sogleich auch die zweite erfüllt wäre: das Vorhandensein eines derartigen Ideals. Hier erinnert vieles an Hegel: das *Ideal* vor dem System, die Bemerkungen am Anfang über die Axiome als *Keime,* die folgenden Bemerkungen über die *pädagogische* Seite (bei Hegel: das Hinführen des Lesers zum spekulativen Denken) u. a. m. Dies alles geht, verbunden mit Freges Anti-Psychologismus in Bezug auf die arithmetischen Gesetze, einher mit einer ähnlichen Sicht auf die Geschichte der Arithmetik wie der

---

22 G. W. F. Hegel, *Vorlesungen ...*, Bd. I, a. a. O., Bd. 18, S. 17.

Hegels auf die Geschichte der Philosophie. In den *Grundlagen der Arithmetik* schreibt Frege:

Die geschichtliche Betrachtungsweise, die das Werden der Dinge zu belauschen und aus dem Werden ihr Wesen zu erkennen sucht, hat gewiss eine große Berechtigung; aber sie hat auch ihre Grenzen. Wenn in dem Beständigen Flusse aller Dinge nichts Festes, Ewiges beharrte, würde die Erkennbarkeit der Welt aufhören und alles in Verwirrung stürzen.[23]

Das Feste, Ewige ist natürlich das oben erwähnte Ideal des Systems der Mathematik, bei Hegel ist es das unveränderliche Urbild aller Philosophie. Jedoch wird bei Frege deutlicher, dass dieses ganze Konzept auf einer »grammatischen Fiktion« beruht. Wenn man von einem Werden, einer Geschichte spricht, dann muss es, wie es scheint, *etwas* geben, was wird, *etwas*, das eine Geschichte hat. Andernfalls geriete man schnell in eine Situation, in der man, zum Beispiel, sagt, die Geschichte der Katze als Haustier bestand darin, dass sie ursprünglich ein Wellensittich war, dann zum Hund wurde und im Augenblick eben eine Katze ist. *Wessen* Geschichte ist das hier? Die der Katze, und nicht die des Hundes oder des Wellensittichs? Und mit welchem Recht die des einen und nicht die des anderen? Allgemein: »Werden« und »Geschichte« sind, wie man mit Frege sagen könnte, »un-

---

23 G. Frege, *Die Grundlagen der Arithmetik. Eine logisch mathematische Untersuchung über den Begriff der Zahl*, hrsg. v. J. Schulte, Stuttgart: Reclam 1987, »Einleitung«, S. 20, das erste Zitat von S. 16 und der Verweis geht auf: G. Frege, »Logik in der Mathematik [Frühling 1914]«, in: ders., *Schriften zur Logik und Sprachphilosophie. Aus dem Nachlaß*, hrsg. v. G. Gabriel, Hamburg: Meiner 1990, 3. Aufl., S. 120.

gesättigte Ausdrücke«. Sie haben nur Sinn im Zusammenhang mit etwas anderem, dessen Werden oder Geschichte sie sind. Dieses Andere muss konstant bleiben, wenn man nicht das Werden von verschiedenen Dingen durcheinander bringen will, wenn also nicht, wie Frege sagt, alles in Verwirrung stürzen soll. Die Fiktion, die mit dieser grammatischen Tatsache einhergehen kann, beginnt, wenn man eine Bedingung des *Sinns* zu einer *ontologischen* Voraussetzung macht. Man ähnelt dann demjenigen, der sich, nach Lichtenbergs bekanntem Beispiel, auf die Suche nach dem »Es« macht, von dem die Rede ist, wenn man sagt »Es regnet.« Denn dann scheint es so, als müsste es ein *besonderes Etwas* – das Ideal der Arithmetik, das Urbild der Philosophie – geben, damit man von der Geschichte *der* Arithmetik, im Unterschied zur Geschichte der Philosophie und *vice versa* etc. reden kann.

Obwohl es in der Geschichte der Arithmetik etwas Festes geben muss, macht man sich Frege zufolge jedoch eine zu einfache Vorstellung dieses Festen, wenn man es als etwas ansieht, was gewissermaßen von allem Anfang an und unverändert da war. Im Paragraphen 88 der *Grundlagen der Arithmetik* wendet er sich gegen »Kants Unterschätzung der analytischen Urteile«. Sie sei die Folge »einer zu engen Begriffsbestimmung«, »obgleich ihm der hier (d.h.: in den *Grundlagen der Arithmetik,* R.R.) benutzte weitere Begriff vorgeschwebt zu haben scheint.« Kants Begriffsbestimmung ist für Frege insofern zu eng, als sie nur auf allgemein bejahende Urteile anwendbar ist. Hier »kann man von einem Subjektsbegriffe reden und fragen, ob der Prädikatsbegriff in ihm – zufolge der Definition – enthalten sei. Wie aber, wenn das Subjekt ein einzelner Gegenstand ist?

Wie, wenn es sich um ein Existentialurteil handelt? Dann kann in diesem Sinne gar nicht von einem Subjektsbegriffe die Rede sein.« Den Grund für diese Schwierigkeit sieht Frege in Kants Begriff des Begriffs. »*Kant* scheint den Begriff durch beigeordnete Merkmale bestimmt zu denken; das ist aber eine der am wenigsten fruchtbaren Begriffsbildungen. […] Dasselbe gilt auch von den wirklich fruchtbaren Definitionen in der Mathematik, z. B. der Stetigkeit einer Funktion. Wir haben da nicht eine Reihe beigeordneter Merkmale, sondern eine innigere, ich möchte sagen organischere Verbindung der Bestimmungen. Man kann sich den Unterschied durch ein geometrisches Bild anschaulich machen. Wenn man die Begriffe (oder ihre Umfänge) durch Bezirke einer Ebene darstellt, so entspricht dem durch beigeordnete Merkmale definierten Begriffe der Bezirk, welcher allen Bezirken der Merkmale gemeinsam ist; er wird durch Teile von deren Begrenzungen umschlossen. Bei einer solchen Definition handelt es sich also – im Bilde zu sprechen – darum, die schon gegebenen Linien in neuer Weise zur Abgrenzung eines Bezirks zu verwenden. Aber dabei kommt nichts wesentlich Neues zum Vorschein. Die fruchtbaren Begriffsbestimmungen ziehen Grenzlinien, die noch gar nicht gegeben waren. Was sich aus ihnen schließen lasse, ist nicht von vornherein zu übersehen; man holt dabei nicht einfach aus dem Kasten wieder heraus, was man hineingelegt hatte. Diese Folgerungen erweitern unsere Kenntnisse, und man sollte sie daher *Kant* zufolge für synthetisch halten; dennoch können sie rein logisch bewiesen werden und sind also analytisch. Sie sind in der Tat in den Definitionen enthalten, aber wie die Pflanze im Samen, nicht wie der Balken im Hause. Oft braucht man mehre Definitionen zum Beweise eines Satzes, der folglich in keiner einzelnen enthalten ist und doch aus allen zusammen rein logisch folgt.«

**17.** Aber zunächst zurück zu Hegel. In seinen Worten wird die scharfe Unterscheidung zwischen *Wahrheit* und *Sinn* der philosophischen Sätze, zwischen ihrem Wissen und ihrem Verstehen aufgehoben. Die Sichtweise auf den Ursprung unseres Problems verändert sich damit. Denn wenn wir uns die Idee von einem unwandelbaren Urbild der Philosophie, welches aller Kritik zugrunde liegt, zu eigen machen, dann haben wir in der Geschichte der Philosophie nicht verschiedene *Philosophien,* sondern nur verschiedene *Formen der Ausprägung ihres unwandelbaren Urbildes* vor uns.

Diese Lösung ist u. a. deshalb grandios, weil sie einen neuen Blick auf das Phänomen der Nicht-Übereinstimmung, der Geschichte der Philosophie als Geschichte eines bloßen Streits und Herumtappens, erlaubt. Man muss den Streit, das Herumtappen usw. nicht leugnen; Descartes hatte keinen *Wahrnehmungsfehler;* man muss nicht bestreiten, dass es Streit, Herumtappen und Chaos gibt – aber dies ist nicht *eigentlich* wichtig, nicht *wahrhaft* wirklich. Denn …

… die wahre Spekulation kann sich in den verschiedensten sich gegenseitig als Dogmatismen und Geistesverwirrungen verschreienden Philosophien finden. Die Geschichte der Philosophie hat allein Wert und Interesse, wenn sie diesen Gesichtspunkt festhält. Sonst gibt sie nicht die Geschichte der in unendlich mannigfaltigen Formen sich darstellenden ewigen und einen Vernunft, sondern nichts als eine Erzählung zufälliger Begebenheiten des menschlichen Geistes und sinnloser Meinungen, die der Vernunft aufgebürdet werden, da sie doch allein demjenigen zur Last fallen, der das Vernünftige in ihnen nicht erkannt und sie deswegen verkehrt hat.[24]

Das heißt: für Hegel ist die Nicht-Übereinstimmung der Philosophen über ihre eigenen Sätze entweder *gar* kein Mangel, oder jedenfalls kein *wesentlicher* Mangel, weil es für ihn kein *wirkliches* Chaos der Systeme gibt, sondern nur ein *erscheinendes*.

Nun redet zwar auch Hegel von metaphilosophischen Bemerkungen in der Terminologie von Mittel und Zweck. Aber dies ist ihm eine der Philosophie nur äußerliche Redeweise, insofern der Zweck nicht mehr in der Auffindung der wahren Methode liegt, sondern lediglich im didaktischen Hinführen des Lesers zum Stoff und der Abwehr vorderhand vorgebrachter Einwürfe unphilosophischer Dummbeutel: eben um Kritik mit »Knitteln, Peitschen und Pritschen«.[25]

**18.** Hegel liebt, wie jeder richtige Philosoph, das Wörtchen »eigentlich« und seine Vettern, die Wörter »wirklich«, »wahrhaft«, »tatsächlich« usw. Diese Worte sind Zaubermittel, die es uns erlauben, von etwas zu sagen, es sei das und das und zugleich doch nicht das und das. Das funktioniert schon im Alltag. Ein Beispiel: »Eigentlich liebt er sie.« Wann sagt man so etwas? Nun, zum Beispiel dann, wenn er sie schlägt. »Eigentlich liebt er sie« ruft geradezu

---

24 G. W. F. Hegel, *Differenz* ..., a. a. O., S. 47.
25 Vgl. hierzu den *titellosen Text*, der sich zwischen dem »Vorwort« und der »Einleitung« zu seinen *Vorlesungen über die Geschichte der Philosophie* findet und auch die ausführliche »Vorrede« und die »Einleitung« in die *Phänomenologie des Geistes*.

nach einer Ergänzung durch »auch wenn er sie manchmal schlägt.«. Im Alltag ist diese Redeweise oft harmlos. In der Philosophie ist sie ein unersetzbares Instrument – und oft ein verheerender Virus zugleich.

Hegel liebt das Wörtchen »eigentlich«, das macht ihn zu einem richtigen Philosophen. Er misstraut ihm nicht, das infiziert seine Philosophie. Bischof Butler liebt das Wörtchen nicht, deshalb ist er kein richtiger Philosoph. Aber er misstraut ihm, weshalb die Philosophie, die er nicht hat, auch nicht verseucht ist. Er hat das Gegenmittel, ohne den Virus zu haben. Seine Medizin kommt in Form folgenden Satzes: Jedes Ding ist, was es ist, und nicht ein anderes Ding.[26] Philosophisch richtig ausgedrückt müsste es eigentlich heißen: *Eigentlich* ist jedes Ding, was es ist, und kein anderes Ding. – Bloß, was hieße dies?

Nun, vielleicht kann man es so gegen Hegel wenden: »Auch wenn Du den Streit zum Scheinstreit erklärst, so bleibt doch der Unterschied zwischen Streit und Übereinstimmung bestehen. Das heißt: Selbst wenn Du den Zweck der metaphilosophischen Einleitung nur in der Abweisung von ›gewöhnlichen Vorurteilen‹ siehst, so musst Du uns ja nun doch sagen, wo hier die *Grenze* zu den *berechtigten Urteilen* ist, und woher man *weiß,* dass sie da und da ist! Wenn es eine Grenze *gibt,* heißt das, woher weiß ich dann, dass Du, und nicht Pascal, Kant oder wer auch immer, sie *gefunden* oder *entdeckt* hat? Und wenn es keine gibt, die schon da ist, sondern Du erst eine *ziehst,* dann fragt sich, mit wel-

---

26 Der Common-Sense-Philosophie wird immer wieder, nicht erst seit Hegel, der Vorwurf gemacht, sie sei *gar keine* Philosophie, sondern *Un*philosophie. Wundert es da, dass G. E. Moore Butlers Spruch als Motto für seine *Principia Ethica* wählt?

chem *Recht* Du dies tust, warum ich sie akzeptieren sollte! Zu sagen, man halte dies und dies für eine falsche Behauptung, obgleich man sie nicht verstehe, ist *gewöhnlich* Unsinn. Dagegen hat ›Ich verstehe es zwar, weiß aber nicht, ob es wahr oder falsch ist‹ *in der Regel* durchaus Sinn. Aber nach Deinen Worten gibt es Verstehen nicht ohne Wahrheit. Das heißt aber nur, dass bei Dir von ›Wahrheit‹ nicht mehr in dem Sinne die Rede ist, in dem etwa Descartes und Schlick von ihr sprechen, dass ›Übereinstimmung‹ für Dich nicht mehr das bedeutet, was es für diese bedeutet. Aber dann kannst Du nicht – mit dem Anspruch, noch außerhalb jeder Philosophie zu stehen – über Wahrheit und Verstehen so sprechen, dass es aussieht, als wäre dies noch nicht *Deine* philosophische Ansicht. Damit schaffst Du das Problem, um das es geht, nicht aus der Welt, sondern verdeckst es nur.«

**19.** Bei Kant, hieß es, deutet sich Hegels Bild schon an. Das gilt auch für die Schwierigkeit mit ihm. Vor der oben zitierten Bemerkung über den Mangel an Übereinstimmung als einem Verdachtsmoment schreibt er:

Ob die Bearbeitung der Erkenntnisse, die zum Vernunftgeschäfte gehören, den sicheren Gang einer Wissenschaft gehe oder nicht, das lässt sich bald aus dem *Erfolg* beurteilen.[27]

Aber woran erkennt man den Erfolg? Was Kant sagt, erinnert an den Witz, in dem Einer zum Andern sagt: »Ich habe im Spiel viel Geld gewonnen.« – Darauf der Andere: »Wie

---

27  I. Kant, *K. d. r. V.*, a. a. O., B VII, meine Hervorhebung.

hast du das gemacht?« – »Ich habe alles auf die 46 gesetzt.« – »Wieso gerade auf die 46?« – »Nun, ich bin am 6. geboren, meine Frau am 8., und da habe ich einfach 6 mal 8 gerechnet und alles auf die 46 gesetzt.« – »Aber 6 mal 8 ist nicht 46, sondern 48!« – »Ha, ich gewinne und er will mich belehren!«[28] Kants Bemerkung ist, wenn wir auf ihre *Form* achten, so ungeheuerlich, dass man sie nur als eine Abweisung der Frage, auf die sie die Antwort sein soll, verstehen kann. – Hat Kant hiermit, gewissermaßen wider Willen, einen wichtigen Schritt voran gemacht?

**20.** Bevor wir dies näher betrachten, fassen wir die letzten Abschnitte noch einmal zusammen. Nach Hegel kann uns die Meta-Philosophie, verstanden als *über* der Philosophie stehend (oder als ihre *Grundlage unter* ihr liegend) und *vor* ihr kommend, nicht sagen, was eine philosophische Untersuchung oder was Philosophie ist. Insofern sie es kann, fällt sie in die Philosophie hinein, steht also nicht *über* ihr, ist nicht mal mehr eine eigene philosophische *Disziplin*. In dem Maße, in dem sie Disziplin ist, ist sie unphilosophisch, im besseren Fall didaktisch, im schlechteren reines Kampfmittel. Damit drücken ihre Sätze aber keine *Einsichten* mehr aus. Dies können sie nur, wenn man schon auf dem Standpunkt der Philosophie steht, zu der sie didaktisch hinführen sollen. Hegels Meta-Philosophie hilft uns nur, wenn wir uns schon entschieden haben; sie kann uns also keine *Entscheidungs*hilfe sein. Soweit sie eine sein soll, kann sie uns nicht *helfen*. Sie taugt nur zur Kritik, wenn

---

28 Diesen Witz hatte Wittgenstein in seine Sammlung aufgenommen; er stammt wohl aus einer Zeitung.

sie selbst der Kritik entzogen wird. Kritik wird zum Dogmatismus, Meta-Philosophie zur unphilosophischen Waffe.

Oben hieß es, dass das, was etwa Schlick über die Methode der Philosophie sagt, Ausdruck einer begrifflichen Verwirrung sei. Auch bei Kant findet sich diese wieder, jedoch auch schon ein Übergang zu einer Position, die nicht dieser Kritik ausgesetzt ist. Diese Position entgeht ihr jedoch nur deshalb, weil in ihr einfach alle relevanten, d. h. das Problem hervorrufenden und in die Verwirrung führenden, begrifflichen Unterscheidungen definitorisch eingeebnet sind. Wenn man die Meinungsverschiedenheiten, den Mangel an Übereinstimmung, die Vielfalt des Philosophierens zu Phänomenen erklärt, dann hat man sich mit dieser – philosophisch verstandenen! – Sprechweise bereits darauf festgelegt, dass es auch kein *substantielles* Problem der Begründung der richtigen Vorgehensweise mehr geben kann. Denn wir haben es nur mit Phänomenen ein und derselben Philosophie zu tun. – Aber da das Problem nur verschwindet, wenn man die Vielfalt des Philosophierens als eine Vielfalt von Phänomenen betrachtet, hinter der sich ein einheitliches Wesen der Philosophie, die eigentliche Philosophie, verbirgt, hat man nicht unbedingt das Problem gelöst, welches man ursprünglich lösen wollte. Denn mit dessen Formulierung hatten wir uns nicht unbedingt darauf festgelegt, dass die Vielfalt der philosophischen Meinungen *nur eine Erscheinung* in dem Sinne ist, in dem man in manchen Philosophien zwischen Erscheinung und Wesen unterscheidet. Das heißt, was hier als Antwort auf die ursprüngliche Frage erscheint, könnte in Wirklichkeit ein Fall von *question-begging* sein.

Eine Ahnung dieser Gefahr findet sich in Hegels halber

Zurücknahme seiner metaphilosophischen Ausführungen. Ebenso kann man Kants, so wie sie dasteht: komische, Behauptung auch als eine *Zurückweisung* der Frage nach der richtigen Methode lesen. Seine Bemerkung, seine *Kritik der reinen Vernunft* sei »... ein Traktat von der Methode, nicht ein System der Wissenschaft selbst«, ließe sich dann als Zurückweisung der Forderung nach einer von der *Kritik* unabhängigen und ihr vorausgehenden Methodenlehre deuten. Hegels Bemerkungen erscheinen in diesem Licht als ausführliche Begründung der Zurückweisung. Insofern diese Begründung der Zurückweisung aber selbst wieder philosophischer Natur ist, handelt es sich auch nur um eine scheinbare Zurückweisung. Wir sind wieder da, wo wir am Anfang waren – jetzt allerdings ausgerüstet mit den Erfahrungen, die man (selbst) dann macht, wenn man im Kreise läuft.

Gehen wir den Weg also noch einmal. Nehmen wir Kants vermeintliche Zurückweisung der Forderung nach einer vorgängigen Rechtfertigung der Art des Philosophierens als unseren neuen Ausgangspunkt. In ihrem Licht wird ein Phänomen relevant, welches man leicht übersieht. Es hat damit zu tun, dass es in Bezug auf metaphilosophische Bemerkungen nicht nur ein *Was* gibt, sondern auch ein (nichträumliches) *Wo*. Schauen wir uns an, wie die Verbindung zwischen beidem aussieht.

**21.** Einer der natürlichen Orte, an denen man gewöhnlich metaphilosophische Reflexionen in Büchern antreffen kann, sind deren *Vorworte* und *Einleitungen*. Sie stehen dann an den Stellen, an denen auch zu lesen ist, wer dem Verfasser der folgenden Untersuchung dabei geholfen hat, den Pfandleiher von seiner Tür fernzuhalten, was der

Anlass der Veröffentlichung ist, wo man das Buch geschrieben hat, wie das Publikum die erste bis fünfte Auflage aufgenommen hat usw. Dies sind alles Dinge, von denen wir *nicht* sagen, sie seien *philosophisch unverzichtbar*. Anders gesagt: wir lassen niemanden ohne weitere Erklärung damit durchkommen, wenn er uns einen *nur* aus solchen Bemerkungen bestehenden Text als einen *philosophischen* unterschieben will. Hier ist der Schritt ins Jenseits *offensichtlich*. Aber *wie weit* darf man gehen, ohne in Gefahr zu geraten?

Schlick bringt es zwar zu einigen selbständigen metaphilosophischen Texten. Aber wie wir gesehen haben, schwankt er dabei zwischen Euphorie und Resignation. Hat man dies erst einmal gesehen, dann gewinnt es langsam an Gewicht, dass Descartes die Streitigkeiten über alle philosophischen Sätze eigentlich mehr nebenbei erwähnt. Wenn wir diese Reihe fortsetzen, kommen wir ganz natürlich zu denen, die vehement der Ansicht sind, Philosophie der Philosophie sei ein Thema, über welches man eigentlich *gar nicht* redet. (Naturgemäß lassen sich hier schwer Beispiele für konsequentere Vertreter dieser Ansicht nennen.) Für diese sind metaphilosophische Bemerkungen, insbesondere wenn sie sich in Vorworten aufhalten, wie das Etikett auf einer Weinflasche: der Produzent braucht es, weil der Wein sonst nicht gekauft wird, und der Konsument braucht es, weil er vorher wissen will, was er hinterher im Glas haben wird. Soweit es um Mitteilen und Verstehen, um Kaufen und Verkaufen geht, ist es also nicht gleichgültig, was auf dem Etikett steht und wie es aussieht. Aber mit dem, was in der Flasche ist, hat das Etikett nicht wirklich etwas zu tun: man kann die Etiketten zweier Weinsorten verwechseln, doch bleibt mit dem Wein alles, wie es ist. Auch kaufen wir in der Regel den Wein nicht um des Etikettes willen. – Für jemanden, der dieses Bild von der Meta-Philosophie hat, ist einer, der die Philosophie der Philosophie für ein *wichtiges* Thema hält, wie jemand, der von sich sagt, er studiere die Weinetiketten, um ein Weinkenner zu werden. Nun sehen wir, wie man Kants Satz vom Erfolg als Kriterium des Erfolgreichen verstehen und fruchtbar machen kann – nämlich als Zurückweisung der Forderung einer metaphilosophischen Rechtfertigung der richtigen Philosophie. Jedes Philosophieren muss für sich selber sprechen; eine Philosophie der Philosophie als selbständige Disziplin (wie eine Philosophie des Geistes, eine Ästhetik etc.) kann es nicht geben .

# IV.

**22.** »Es kommt auf den Inhalt der Flasche an«, sagte Otto Graf Lambsdorf, »nicht auf das Etikett.«[29] Freilich brachte der Graf diese Wahrheit nicht gerade auf der Tagung des Vereins der Gebrauchsgraphiker unters Volk. – Was wir im vorhergehenden Paragraphen sagten, war also nur die eine Seite. Die andere Seite sieht so aus, dass der Ort, an dem man metaphilosophische Bemerkungen findet, eben auch der ist, wo man zu lesen bekommt, warum man die Mühe mit dem Buch (und also mit der Philosophie) auf sich nehmen soll, warum Philosophie wichtig ist und sich nicht abweisen lässt, wieso man trotz der unzähligen in ihr vertretenen Meinungen nicht jede Hoffnung fahren lassen sollte, wie die folgenden Bemerkungen zu verstehen sind etc. Gustav Bergmann bringt die Sache auf den Punkt, wenn er hinsichtlich des Logischen Positivismus schreibt:

The logical positivists neither added nor submerged a single major question. Their characteristic contribution is a method. [...] There is a sense, though, in which the linguistic philosophy has not even produced startlingly new answers. The answers [...] to the old questions, [...], are in some respects very similar to what has been said before within the empiricist stream of the great tradition. On the other hand, both questions and answers are so reinterpreted that they have changed almost beyond recognition. At least, alas,

---

29 Dokumentiert in der *Woche* vom 9.1.1997, S. 2.

beyond the recognition of many. [...] I think there is merely a new method, though one that is radically new, of approaching the old questions.[30]

Wenn wir *diese* Seite der Sache betonen, dann fällt es uns eher auf, dass wir, wenn wir gefragt werden, was wirklich wichtig ist an Descartes' Philosophie, seine *Methode* nennen – so wie man auch von Kant sagen kann, dass seine erste *Kritik* tatsächlich fast nur noch als das wirkt, als was er sie, wie wir oben zitiert haben, auch ausgegeben hat: als »... ein Traktat von der Methode, nicht ein System der Wissenschaft selbst; ...«. – Nur lesen wir diesen Satz jetzt nicht nur als eine Zurückweisung einer selbständigen Meta-Philosophie, sondern geradezu als Behauptung einer Identität. Letztlich, besagt er nun, gibt es *nichts anderes* als Philosophiephilosophie.

**23.** Man kann sagen, dass im leichten Umschlagen dieser Phänomene ineinander eine *ambivalente Haltung* gegenüber der Meta-Philosophie (als Disziplin) zum Ausdruck kommt. Diese kann verschieden stark ausgeprägt sein. In seiner *Differenzschrift* hat Hegel ein schlagendes Beispiel für diese Ambivalenz gegeben. Dort lesen wir

---

30 G. Bergmann, »Logical Positivism, Language, and the Reconstruction of Metaphysics«, in dem klassischen Sammelband: R. Rorty (ed.), *The Linguistic Turn*, Chicago 1967, S. 63–71, Zitat von S. 64. Siehe auch: H. Reichenbach, »Die alte und die neue Philosophie. Ein Vergleich«, in: ders., *Der Aufstieg der wissenschaftlichen Philosophie,* Braunschweig: Vieweg 1968, S. 339–365; und M. Dummett, »Can Analytical Philosophy be Systematic, and Ought it to Be?«, in: *Hegel-Studien,* Beiheft 17 (1977), S. 305–326. Vgl. zur Gewichtung dieses Phänomens den oben angegebenen Aufsatz von Ryle.

am Anfang (– dieses Wort ist etwas gefährlich, wenn es um Hegels Schriften geht) zunächst:

Was die allgemeinen Reflexionen, womit diese Schrift anfängt, über Bedürfnis, Voraussetzung, Grundsätze usw. der Philosophie betrifft, so haben sie den Fehler, allgemeine Reflexionen zu sein, und ihre Veranlassung darin, dass mit solchen Formen als Voraussetzung, Grundsätzen usw. der Eingang in die Philosophie noch immer übersponnen und verdeckt wird und es daher in gewissem Grade nötig ist, sich darauf einzulassen, bis einmal durchaus nur von der Philosophie selbst die Rede ist.

Und dann stoßen wir, nur wenige Seiten später, auf diese Worte:

Insofern die Reflexion sich selbst zu ihrem Gegenstand macht, ist ihr höchstes Gesetz, das ihr von der Vernunft gegeben und wodurch sie zur Vernunft wird, ihre Vernichtung; sie besteht, wie alles, nur im Absoluten, aber als Reflexion ist sie ihm entgegengesetzt; um also zu bestehen, muss sie sich das Gesetz der Selbstzerstörung geben.[31]

Ein »höchstes Gesetz« in einer *Vorrede,* die eigentlich *nicht philosophisch* ist! *Understatement* auf Deutsch! Übersetzt in irische Nüchternheit lautet es:

In order to prepare the mind of the reader for the easier conceiving what follows, it is proper to premise somewhat, by way of In-

---

31 G. W. F. Hegel, *Differenz ...,* a. a. O., Zitate von S. 13 f. und 28.

troduction, concerning the nature and abuse of Language. But the unravelling this matter leads me in some measure to anticipate my design, ...³²

**24.** Können wir also keine Philosophiephilosophie haben, die nicht entweder in eine endlose Stufenfolge führt oder nur reine Propaganda ist (d. i. das »Kampfmittel« aus Abschnitt 19)? – Nach dem, was wir bisher gesehen haben, können wir es nicht. Aber dafür dürfen wir jetzt fragen: Wieso eigentlich »nur« reine Propaganda? Propaganda ist doch, genauso wie Vielfalt, an sich betrachtet weder gut noch schlecht, weder wünschens- noch vermeidenswert. Natürlich wird man sagen, dass es dort, wo man *more geometrico* vorgeht oder doch glaubt, es tun zu sollen, der Propaganda nicht bedarf. Obwohl selbst dies nicht ganz stimmt, wie wir unten sehen werden, hilft dieser Hinweis dort ohnehin nicht, wo es um die Frage nach der *Art* des gerechtfertigten Vorgehens geht. Er hilft eben nur, wenn wir von vornherein davon ausgehen, dass wir Propaganda nicht zulassen sollten. Aber warum sollten wir sie ausschließen, wenn sie doch eben nicht an sich schon ein Übel ist? Es bedarf also einer besonderen Begründung.

Es gibt in der Tat Überlegungen, etwa bei William James, die ein solches Vorgehen zumindest als voreilig erscheinen lassen. In seinem Buch *Der Pragmatismus. Ein neuer Name für alte Denkmethoden*³³ schreibt er:

---

32 G. Berkeley, *The Principles of Human Knowledge*, § 6, in: ders., *Berkeley's Philosophical Writings*, ed. D. M. Armstrong, New York, London 1965, S. 46 f; meine Hervorhebung.
33 Übers. v. W. Jerusalem, mit einer Einl. hrsg. v. K. Oehler, Hamburg: Meiner 1994 (2. Aufl.) S. 3.

Die Geschichte der Philosophie ist zum großen Teile die Geschichte des Aufeinanderprallens menschlicher Temperamente.

In der Philosophie erblickt er vor allem zwei solcher Temperamente. Er nennt sie »die Grobkörnigen« und »die Zartfühlenden«. Mit diesen Namen benennt er ungefähr diejenigen, die andere »Rationalisten« und »Empiristen« rufen. Philosophische Argumente, so James, erhalten ihr Gewicht vom Temperament.

Der Philosoph ... vertraut seinem Temperament. Er wünscht eine Welt, die dazu passt, und glaubt deshalb an jedes Weltbild, das dazu passt. Er fühlt, dass Männer von entgegengesetztem Temperament mit dem wahren Charakter der Welt nicht im Einklang sind, und betrachtet diese Männer in seinem Herzen als nicht maßgebend; er meint, sie dringen in philosophischen Sachen nicht tief genug, obwohl sie ihn an dialektischer Geschicklichkeit weit übertreffen mögen.[34]

**25.** Nun ist das Temperament als Argument keine *anerkannte* Größe. Also kann sich darauf niemand *öffentlich* berufen. Damit kommt, so James, ein Zug von Unaufrichtigkeit in unsere öffentlichen Debatten:

Das stärkste von allen Argumenten wird nie ausgesprochen.

---

34 James, *Der Pragmatismus ...*, a.a.O., S. 4. Auch das folgende Zitat ist von dieser Seite. An anderer Stelle benutzt James die Begriffe »Intuition« und »methodologische Technik« für einen sehr ähnlichen Gedanken; siehe: W. James, *Das pluralistische Universum. Hibbert-Vorlesungen am Manchester College über die gegenwärtige Lage der Philosophie*, ins Deutsche übertragen und mit einer Einführung versehen von J. Goldstein, Kröner: Leipzig 1914.

Mir scheint, dass die Fruchtbarkeit der Perspektive, die James hier einbringt, nicht zu sehr davon abhängig gemacht werden sollte, ob wir tatsächlich eine solche Unaufrichtigkeit vorfinden. Oder falls man sie davon abhängig macht, muss man die Rede von Unaufrichtigkeit in bestimmten Sinne verstehen: nicht als Verweis auf einen absichtlichen Akt des Verschweigens oder allgemeiner der Täuschung, sondern auf einen Mangel an Rücksichtslosigkeit oder Vorurteilsfreiheit bei der Betrachtung des eigenen Tuns und Lassens.

Zumindest Russell kann man einen, auf gewöhnliche Weise verstandenen, Vorwurf mangelnder Aufrichtigkeit nicht machen, wenn er sagt, dass der Glaube an eine Realität jenseits dessen, was den Sinnen erscheint, »arises with irresistible force in certain *moods*, which are the source of most mysticism, and of most metaphysics«. Die Philosophen suchen, wenn sie in dieser Stimmung sind, nach Gründen, die ihnen Recht geben – vorausgesetzt, sie suchen überhaupt nach Gründen. Sie wollen nicht die Welt verstehen, sondern ihre Einsicht und ihre Logik auf andere übertragen. Solange diese »mystic mood« dominant ist, wird das Bedürfnis nach Logik nicht gefühlt; kommt es anschließend, dann wird es benutzt, die »Einsichten« als solche zu retten. Eine solche Logik führt nicht zu den besten Erkenntnissen, sie bringt kein Verständnis unseres täglichen Lebens und der Natur mit sich. »If our logic is to find the common world intelligible, it must not be hostile, but must be inspired by a genuine acceptance such as is not usually to be found among metaphysicians.«[35] – Hiermit kann man sich aus der Sicht

---

35 B. Russell, »Mysticism and Logic«, aus: *Hibbert Journal* for July, 1914, zitiert aus: ders., *Mysticism and Logic,* Doubleday: Garden City, New York 1957 (1. Aufl. 1917), S. 18 f., meine Hervorhebung.

von James völlig einverstanden erklären. Man braucht nur hinzuzufügen, dass auch diese »genuine acceptance« nicht mehr als eine Stimmung (mood) oder eben Ausdruck eines bestimmten Temperamentes ist.

**26.** James jedenfalls fühlt sich zu beiden – den Grobkörnigen und den Zartfühlenden – hingezogen und damit natürlich auch zugleich von beiden abgestoßen. Was ihm vorschwebt, ist ein dritter Typ: der Pragmatist, der die Vorteile der beiden anderen vereinigt, ohne ihre Nachteile einzukaufen.

Natürlich ist James' Ansatz in gewisser, aber nicht kindlicher, Weise *naiv*. Schon die Frage, wieso das Temperament das stärkste *Argument* sein kann, wenn doch alle Argumente erst durch das Temperament ihr Gewicht bekommen, führt uns die begriffliche Not vor Augen. Aber es ist eine Not, die entsteht, weil ein scharfer und philosophisch unverdorbener *Beobachter* charakteristische Phänomene des Philosophierens weder übersehen, noch in vorgefasste Kategorien bringen kann, sich aber zugleich in diesen überlieferten Begriffen verständlich machen will. Was James auffällt, sind ja unzweifelhaft immer wieder zu beobachtende Phänomene philosophischer Debatten: dass diese häufig über kurz oder lang ohne Übereinstimmung enden, dass der Analytiker vorher schon weiß, dass er auch wieder als Analytiker aus dem Gespräch mit dem Existentialisten herauskommen wird und *vice versa,* dass es ganz unterschiedliche Maßstäbe dafür gibt, wie ein gutes Buch oder ein guter Vortrag in der Philosophie auszusehen haben, welche Texte man unbedingt kennen muss und auf welche man verzichten kann, bei welchen Autoren man selber einen Fehler machen muss, wenn man sie nicht versteht, und bei welchen, wenn man sie zu verstehen meint usw.. James' Ausführungen sind Ausdruck der Not, in die gerät, wer sich des *Be*kenntnishaften der Philosophie bewusst wird, und doch zugleich am *Er*kenntnischarakter der Philosophie auch auf dem Gebiet der Metaphilosophie festhalten will.

Aber als Beobachter, der als solcher halb innerhalb, halb außerhalb der Philosophie steht, führt James uns an den Ort, wo wir beginnen können, den Nebel zu vertreiben.

# V.

**27.** Von Woody Allen gibt es einen Text, der *Meine Philosophie* heißt und in dessen Kapitel *Kritik des Reinen Schreckens* die folgenden Worte zu finden sind:

Können wir das Universum wirklich ›kennen‹? Mein Gott, es ist doch schon schwierig genug, sich in Chinatown zurechtzufinden. Der springende Punkt ist doch: Gibt es da draußen irgendwas? Und warum? Und muss man so einen Lärm darum machen? Schließlich kann es keinen Zweifel darüber geben, dass das einzig Charakteristische der ›Wirklichkeit‹ ihr Mangel an Substanz ist. Das soll nicht heißen, dass sie keine Substanz besitzt, sie fehlt ihr bloß. (Die Wirklichkeit, von der ich hier spreche, ist dieselbe, die Hobbes beschrieb, nur ein bisschen kleiner.)[36]

Wenn wir über diese Bemerkungen *lachen* – haben wir dann auch einen *Grund* dafür? – Immerhin sagen wir ja, dass wir den Text *verstehen*. Wer ihn nicht verstünde, der hätte kein Recht oder keinen richtigen Grund zum Lachen. – Man kann es so darstellen. Nur geht diese Darstellungsweise einher mit der Versuchung, sich die ganze Angelegenheit so vorzustellen, als hätten wir *erst* eine Einsicht, die wir als witzig erkennen, weshalb wir *anschließend* lachen, etwa um den anderen zu zeigen, dass wir den Witz verstanden haben. Aber in Wirklichkeit ist es natürlich genau umgekehrt. Wenn wir über einen Witz lachen, *um* zu zeigen, dass wir

---

36 W. Allen, *Wie du dir, so ich mir. Ohne Leit kein Freud. Nebenwirkungen*, Hamburg: Rogner & Bernhard 1995 (2. Auflage), S. 37 f.

ihn verstanden haben, dann eher deshalb, weil wir ihn *nicht* verstanden haben und bloß nicht als Dummkopf dastehen wollen. Das *ursprüngliche* Phänomen beim Witz ist das *Lachen*. *Einsichten* kommen erst *danach,* etwa wenn wir uns fragen: *Worüber* haben wir hier gelacht, *was* war hier witzig?

Wir bekommen heraus, worüber wir gelacht haben, indem wir uns fragen: Welche Änderung des Witzes würde diesen zerstören? (Nicht jede Veränderung zerstört den Witz; manche macht ihn langatmig, eine andere modifiziert nur seinen Ausdruck usw.) Normalerweise erzählen wir Witze nicht um der Einsichten willen, die wir durch sie bekommen können, sondern um des Vergnügens willen. Insofern *ist* der Witz auch noch nicht Philosophie. Aber angesichts der wenigen philosophisch ungetrübten Erkenntnisquellen, zu denen man als Philosoph Zugang hat, darf man nicht allzu wählerisch sein. Man muss nehmen, was man kriegen kann. Die Einsichten, die wir durch Witze bekommen können, sind philosophische Einsichten, wenn sie das Wesen der Sache betreffen, über die der Witz geht. Da beim Witz aber die Einsicht nicht primär ist, sondern ein Nebeneffekt, da der Witz als solcher also einsichtsunabhängig und somit erkenntnismäßig *ursprünglich* ist, haben wir in ihm vielleicht sogar einen Schlüssel für unser Problem. Mit Lichtenberg gesprochen:

Der Witz ist der *Finder* ... und der Verstand der Beobachter.[37]

---

37 G. Chr. Lichtenberg, *Sudelbücher,* J 1620, in: ders., Schriften und Briefe, Band II, hrsg. von W. Promies, Hanser: München und Wien 1994 (4. Aufl., unter Angabe der Stelle zitiert). Siehe hierzu ausführlicher mein: »Philosophie und Witz«, in: R. Dürr und H. Lenk (Hrg.), *Und ewig lacht die thrakische Magd. Eine Einführung in die theoretische,*

**28.** Der Verstand kann nur *finden*, wonach er *sucht*. Was man sucht, muss man schon *kennen*, um es suchen zu können. Also kann der Verstand nur finden, was er schon kennt. In unseren Fall heißt dies aber: wir *haben* dasjenige schon, wonach wir suchen. Das heißt: wir brauchen schon eine Vorstellung von der Philosophie, damit wir nach einer suchen können; aber wenn wir sie schon haben, dann brauchen wir sie auch nicht mehr zu suchen. ... Nun es gibt in der Tat *viele* solcher Vorstellungen. Also suchen wir nach der *richtigen*. Aber solange wir *suchen*, kommen wir aus dem Zirkel nicht heraus. Wir müssen also einen Weg finden, etwas zu finden, ohne es zu suchen. Wir brauchen ein *unschuldiges Suchen*, sozusagen ein *zielgerichtetes Stolpern*. – Genau dies ist aber der Witz. Er findet, wo nicht gesucht wird, wo also das Gesuchte nicht schon bekannt sein muss, damit man es finden kann. Vom Verstand aus gesehen, findet man durch den Witz etwas *Neues,* indem man über es *stolpert*. Versuchen wir, diese Einsichten für uns fruchtbar zu machen.

Descartes liefert uns das Gebiet für die Anwendung unserer Einsicht, wenn er, wie oben schon angedeutet, die Geometrie, allgemeiner die Mathematik, als die alleinige bisherige Heimat klarer und bestimmter Ideen ansieht. Philosophieren, so Descartes', Pascals und vieler anderer Idee, soll werden, wie Rechnen schon ist. Und Leibniz schreibt:

---

*die angewandte und die Meta-Jokologie* (=Neo-Jocologica Bd. 2), LIT: Münster 2002, S. 34–43. Als philosophiehistorische Studie: G. Gabriel, *Ästhetischer »Witz« und logischer »Scharfsinn«. Zum Verhältnis von wissenschaftlicher und ästhetischer Weltauffassung,* Erlangen und Jena: Palm & Enke 1996.

Ich sehe, dass [...] scharfsinnige Männer sich der Metaphysik genähert und einiges in profunder Weise erkannt haben, aber derart in Dunkel gehüllt, dass man mehr zu weissagen als zu beweisen scheint. Mir scheint aber in der Tat in ihr mehr als selbst in der Mathematik Licht und Gewissheit nötig zu sein, da die mathematischen Dinge ihre überprüfbaren Beweise mitbringen, worin der Hauptgrund ihres Erfolges liegt; in der Metaphysik hingegen haben wir diesen Vorteil nicht. Deshalb ist hier ein besonderes Verfahren nötig, gleich einem Faden im Labyrinth, mit dessen Hilfe nicht weniger als bei der euklidischen Methode die Fragen – einem Rechenverfahren gleich – lösbar sind. Dabei ist nichtsdestoweniger die Klarheit zu wahren, die der gebräuchlichen Redewise kein Zugeständnis macht.[38]

Leibniz sagt also *nicht*, dass es bislang keine Erkenntnisse, keine Einsichten in der Metaphysik gäbe. Es gibt sie durchaus. Aber die Wahrheiten sind derart in Dunkel gehüllt, dass man sie nicht klar sehen kann. Es ist also kein Wunder, dass man in Bezug auf sie nicht übereinstimmt. Was wir brauchen, sind also nicht unbedingt neue Einsichten. Nötig sind: mehr Licht, mehr Durchsichtigkeit – so, wie wir es in mathematischen Dingen haben. Wenn wir uns nun darauf besinnen, dass es fehlende Übereinstimmung ist, die für viele *das* Indiz der Unzulänglichkeit der Methode der Philosophie ist, dann sehen wir auch, was jemanden auf die Idee bringen kann, Philosophieren solle werden, wie Rechnen schon ist.

---

[38] G. W. Leibniz, »Über die Verbesserung der ersten Philosophie und den Begriff der Substanz«, in: ders., *Fünf Schriften zur Logik und Metaphysik*, übersetzt und herausgegeben von H. Herring, Stuttgart: Reclam 1987, S. 19 f.

**29.** Das entscheidende Charakteristikum des Rechnens, welches es für Leibniz und viele andere Philosophen so reizvoll macht, ist also die weitestgehende Übereinstimmung aller des Rechnens Kundigen bezüglich der Antwort auf die Frage, ob das Ergebnis einer gegebenen Rechenoperation richtig oder falsch ist. Das heißt jedoch nicht, dass es beim Rechnen *gar keine* Meinungsverschiedenheiten gibt. Das kommt schon vor, aber man kann hier Wittgensteins Erinnerung heranziehen:

Es kann ein Streit darüber entstehen, welches das richtige Resultat einer Rechnung ist (z. B. einer längeren Addition). Aber so ein Streit entsteht selten und ist von kurzer Dauer. Er ist, wie wir sagen, ›mit Sicherheit‹ zu entscheiden. [39]

Ein Streit über das richtige Resultat einer Rechnung entsteht selten und ist von kurzer Dauer. – Ist das *deshalb* so, *weil* ein solcher Streit, wie wir sagen, »mit Sicherheit zu entscheiden ist«? Heißt dies, dass, falls so ein Streit entstehen sollte, wir immerhin über ein zuverlässiges Verfahren verfügen, ihn zu beenden? Dies wäre ein *zusätzliches* Verfahren zu den Verfahren, die zu den Ergebnissen geführt haben, über die dann der Streit ausbrach. Und wie steht es nun um die Ergebnisse dieses *zweiten* Verfahrens? Wenn es

---

39 L. Wittgenstein, *Philosophische Untersuchungen*, a. a. O., Teil II, Frankfurt a. M.: Suhrkamp 1984, S. 571. Ganz ähnlich und im gleichen Zusammenhang äußert sich Wittgenstein zur Übereinstimmung in Farburteilen, auf die gleich angespielt wird. Siehe auch mein: »Begriffsbildung und Naturtatsachen«, in: E. v. Savigny und O. R. Scholz (Hrg.), *Wittgenstein über die Seele*, Frankfurt a. M.: Suhrkamp 1995, S. 268–280.

hier wieder zum Streit kommt, haben wir dann ein drittes Verfahren bereit usw.?

Wittgenstein setzt im nächsten Absatz der gleichen Bemerkung folgendermaßen fort:

Es kommt zwischen Mathematikern, im allgemeinen, nicht zum Streit über das Resultat einer Rechnung.

Und er fügt sofort hinzu:

(Das ist eine wichtige Tatsache.)

Wenn wir die Betonung auf das Wort »Tatsache« legen, dann deutet sich eine Antwort auf unsere letzte Frage durch eine Umkehrung der Betrachtung an: Die kurze Dauer eines Streits, wenn er denn ausbricht, ist nicht etwas, was dadurch *erklärt* wird, dass der Streit durch ein *weiteres,* zum Ausgangsverfahren *hinzukommendes* Verfahren mit Sicherheit zu entscheiden ist, sondern die Rechenverfahren selbst sind es, die durch sichere Entscheidbarkeit charakterisiert sind. Das heißt, die Verfahren sind derart, dass eine Abweichung oder ein Fehler in ihrer Anwendung, der dann zum Streit über das Ergebnis führen kann, leicht zu entdecken ist. Die Seltenheit, die Kürze und die eindeutige Entscheidbarkeit stehen alle auf einer Stufe: sie alle sind *ursprüngliche* Phänomene. Wenn wir sagen, dass ein Streit über das richtige Ergebnis einer Rechnung mit Sicherheit zu entscheiden ist, dann bedeutet dies also, wie es scheint, dass wir es bei den Rechenprozeduren mit Verfahren zum Erlangen berechtigter Übereinstimmung zu tun haben, also mit genau dem, wonach wir auch in der Philosophie suchen.

## 30. Hören wir noch einmal auf Leibniz:

Das einzige Mittel, unsere Schlussfolgerungen zu verbessern, ist, sie ebenso anschaulich zu machen, wie es die der Mathematiker sind, derart, dass man seinen Irrtum mit den Augen findet und, wenn es Streitigkeiten unter Leuten gibt, man nur zu sagen braucht: ›Rechnen wir!‹ [...][40]

»Rechnen« hieße hier also nicht mehr als: *genauer hinsehen*. Wo es doch zum Streit kommt, da haben wir es nur auf den ersten Blick mit Meinungsverschiedenheiten zu tun. Genauer betrachtet, handelt es sich eher um Oberflächlichkeit beim Hinschauen oder auch um Sehfehler, also gerade nicht um ungenügende Begründungen, Fehlschlüsse oder Ähnliches.

Dies sieht man am deutlichsten, wenn es um einfache Rechenoperationen geht. Wie sollte es auch, könnte man sagen, zum Streit darüber kommen, dass 2 + 2 gleich 4 ist? Das begreift doch jeder, der einigermaßen bei Verstand ist. Genauso wird jeder, der die Farben kennt und nicht blind ist, dem zustimmen, dass diese Blume rot und jene blau ist. Frege spricht den gleichen Gedanken für die »Gesetze des Denkens«, die logischen Gesetze, aus:

Wie aber, wenn sogar Wesen gefunden würden, deren Denkgesetze den unsern geradezu widersprächen und also auch in der Anwen-

---

40 G. W. Leibniz, »Projet et Essais pour arriver à quelque certitude pour finir une bonne partie des disputes et pour avancer l'art d'inventer«, zitiert nach dem gekürzten und übersetzten Nachdruck in: K. Berka und L. Kreiser (Hrg.), *Logik-Texte. Kommentierte Auswahl zur Geschichte der modernen Logik,* Berlin: Akademie-Verlag 1986, S. 17.

dung vielfach zu entgegengesetzten Ergebnissen führten? Der psychologische Logiker könnte das nur einfach anerkennen und sagen: Bei denen gelten jene Gesetze, bei uns diese. Ich (d.h.: der nichtpsychologische Logiker, R. R.) würde sagen: Da haben wir eine bisher unbekannte Art der Verrücktheit.[41]

Das soll doch wohl heißen, dass derjenige, der beim Denken zu anderen Ergebnissen kommt als wir, soweit es *nur* um die Denkgesetze geht, nicht *anderen* Gesetzen folgt, sondern er folgt *gar keinen,* er ist *verrückt.* Wer dagegen *nicht* verrückt ist, der muss diesen und jenen Denkgesetzen folgen. Diesen und jenen Denkgesetzen zu folgen *bedeutet,* normal und nicht verrückt zu sein. Also muss unser Ziel sein, die philosophischen Gegenstücke zu den Regeln und Axiomen der Arithmetik zu finden, oder doch jedenfalls etwas, was diesen in Bezug auf die Form ihrer Anwendung gleicht: dass über ihre richtige Anwendung – und damit über ihre Ergebnisse – immer Übereinstimmung herrscht, die zwischen allen zu erlangen ist, und die uns hilft, zwischen denen zu unterscheiden, die normal sind, und denen, die verrückt sind. Hier hätten wir wohl, wie gesagt, ein Recht, Übereinstimmung mit berechtigter Übereinstimmung, also mit Wahrheit, in Eins zu setzen.

---

41 Im *I. Band* seiner *Grundgesetze der Arithmetik* (Jena: Pohle 1893), S. XVI. Man kann hierin auch ein Echo der Kantischen und ein Analogon der Hegelschen Ablehnung einer Vielheit der Vernunft sehen. Übrigens sind Diagnosen von Verrücktheit gewöhnlich psychologische (psychiatrische) Urteile.

**31.** Lassen wir unseren (Lichtenbergschen) »Finder« zu Wort kommen. Betrachten wir ein Exemplar einer Form, die der Witz annehmen kann, eine Karikatur, hier eine von Larson[42]:

"Go for it, Sidney! You've got it! You've got it! Good hands! Don't choke!"

---

42 Gefunden in dem Aufsatz »Humor in Science« von E. D. Kilbourne in den *Proceedings of the American Philosophical Society*, Vol. 140, No. 3, September 1996, S. 338–350.

Nun, es ist klar, was an diesem Bild *schief,* oder, wie Frege es mit einem wohlgeformten Ausdruck nennt, *ungereimt*[43] ist: dass es beim Rechnen um Kampf und Auseinandersetzung geht. Das Ungereimte am Bild ist die bestimmte Mischung von Beobachten eines Rechenvorgangs und Beobachten eines Wettkampfes. Elemente der Mathematik und des Kampfes sind hier gemischt. *Dass wir dies als Karikatur gelten lassen,* zeigt uns, dass das leidenschaftliche, kämpferische Moment gewöhnlich nicht zum Rechnen gehört. (Das »gewöhnlich« ist hier wichtig.) Kampf und Leidenschaft dominieren dagegen, zum Beispiel, im *Stadion.* Dafür geht es dort nicht um *Wahrheit* oder *Richtigkeit,* sondern um *Sieg*

---

43 Siehe: G. Frege, *Die Grundlagen* ..., a. a. O., S. 54: »Es ist ungereimt, dass an Unsinnlichem vorkomme, was seiner Natur nach sinnlich ist.« Was bei Frege »ungereimt« heißt, nennt Ryle »Kategorienfehler« oder »Begriffskonflikt«. (Siehe: G. Ryle, *Der Begriff des Geistes,* Stuttgart: Reclam 1969, S. 13 ff., und G. Ryle, *Begriffskonflikte,* Göttingen: Vandenhoeck & Ruprecht 1970, S. 5 ff.). Man könnte versucht sein, Freges Vorgehen mit dem Ausdruck »ironisch« zu charakterisieren, um es auf diese Weise an Kierkegaards Philosophieren heranzurücken. Aber die Verwandtschaft ist dann doch nicht zu eng, wie die Ausführungen Freges an den Stellen deutlich machen, an denen er Mills Vorgehen »eine Pfefferkuchen- oder Kieselsteinarithmetik« nennt. Frege: »Es fehlt nur noch, dem Wohlgeschmacke des Kuchens eine besondere Bedeutung für den Zahlbegriff zuzuschreiben. Dies ist doch das grade Gegenteil eines vernünftigen Verfahrens und jedenfalls so unmathematisch wie möglich. Kein Wunder, dass die Mathematiker nichts davon wissen wollen!« (a. a. O., S. 20.) Das ist eher Sarkasmus als Ironie. Der entscheidende Unterschied: Was Frege »ungereimt« nennt, ist in seinen Augen sinnlos oder absurd, und es steht an der Stelle, an der eine *wahre* Theorie stehen sollte. Ryle scheint da schon eher als Frege zur Anerkennung der Ironie im Sinne Kierkegaards, d. h. als *Prinzip des Philosophierens,* zu neigen. Siehe zu der ganzen Sache auch mein: »Klarheit, Tiefe, Ironie. Oder wie man von Frege zu Wittgenstein kommt, indem man den Weg über Kierkegaard nimmt«, in: U. Eichler und R. Raatzsch (Hrg.), *Kierkegaard und Wittgenstein: Grenzüberschreitungen,* Springer: Berlin, New York 1997 (= Thematisches Heft der *Wittgenstein Studies,* 2/1997).

oder *Niederlage*. Man ist nicht für seine Mannschaft, weil man sie für die bessere hält, sondern eher schon hält man sie für die bessere, weil man für sie ist. Und warum ist man für seine Mannschaft? Wenn man hier irgendetwas sagen kann, dann vielleicht das, was neulich auf der Sportseite einer Zeitung stand: Man liebt seine Mannschaft, weil man sie liebt! Und das ist natürlich so wenig eine Rechtfertigung, wie die Antwort: »Weil ich aus Gelsenkirchen bin«. (Natürlich kann man, wenn man will, dies auch »Rechtfertigung« nennen. Aber es sind eben ganz verschiedene Dinge, die man so benennt.) Der Satz »Die Schalker sind die Größten!« ist keine *Feststellung*, sondern ein *Bekenntnis*. Das Verhältnis zwischen mir und meiner Mannschaft ist nicht durch irgendwelche *Einsichten* charakterisiert, sondern durch meine *Einstellung* zu ihr. Es ist meine Einstellung, die diese Mannschaft zu *meiner* Mannschaft macht. Es ist die Einstellung, die es mir leicht oder schwer und vielleicht sogar unmöglich macht, eine Einsicht zu erlangen. Freilich können Einsichten, wenn man ihr Erlangen nicht mehr verhindern kann, die Einstellungen ins Wanken bringen. Insofern gehen Einstellungen mit Einsichten einher. Aber sie *begründen* einander nicht.[44]

---

44 Die Unterscheidung »Einsicht-Einstellung« ist also nur verwandt mit der Unterscheidung »objektiv-subjektiv« ist, fällt aber nicht mit ihr zusammen. Soweit die Verwandtschaft jedoch reicht, ist an ihr nichts Anstößiges, wie Russell zu glauben scheint, James dagegen energisch bestreitet. (Siehe die oben zitierten Worte Russells und James Ausführungen in *Das pluralistische Universum ...*, a.a.O., S. 6 ff.) Siehe in diesem Zusammenhang auch Thomas Nagels »Das Subjektive und das Objektive« (in: Ders., *Die Grenzen der Objektivität. Philosophische Vorlesungen*, übersetzt und herausgegeben von M. Gebauer, Stuttgart: Reclam 1991, S. 99–128), ebenso wie Nelson Goodmans *Ways of Worldmaking*, Indianapolis und Cambridge: Hackett 1978. Ebenfalls

**32.** Oben hieß es, dass ein Witz uns zuweilen Aufschluss über das Wesen einer Sache geben kann. Insofern ist er potentiell philosophisch. Man muss ihm aber auf die Sprünge helfen. Wie? – Indem man die Bestandteile des Witzes so manipuliert, bis der Witz aufhört, witzig zu sein. Der Punkt, an dem die Sache kippt, markiert die Grenze des Witzes und damit die des Wesens der Sache.

Fummeln wir also ein wenig an Larsons Karikatur herum. Nehmen wir an, die Leute hätten alle Schnurrbärte. Hätte dies etwas Interessantes zur Folge? Nein! Stellen wir uns dagegen vor, die Leute trügen auf ihren Kitteln vorn und hinten gut lesbar ihre Namen. Und nehmen wir an, diese Namen wären (von rechts nach links): Platon, Nietzsche, Morgenbesser und Heidegger. Wäre es die Geschichte nun eine andere? Nun, sie wäre immer noch *witzig*. Aber jetzt hätte sie eine ganz andere Pointe: *So ist es, wenn Philosophen rechnen.* Nehmen wir nun an, dass die Philosophen im Bild an der Tafel mit den Formeln stehen, diesmal aber nicht Sidney anfeuern, sondern ruhig betrachten, was dieser tut. Hier könnte einer sagen: Ein guter Witz, vier Philosophen, die sich *nicht* streiten. Nehmen wir an, statt der Formeln stünden kernige Philosophensprüche an der Tafel (»Alles fließt«, »Bewegung ist unmöglich«, »An allem ist zu zweifeln«, »Ich weiß, dass das eine Hand ist«). Was haben wir nun? Keinen Witz mehr, sondern eine *Abbildung* der

---

nur verwandt ist der Unterschied zwischen Tatsachen und Werten. Als Kontrast zu dem hier Gesagten siehe: Günther Patzig, *Tatsachen, Normen, Sätze. Aufsätze und Vorträge,* Stuttgart: Reclam 1980. Ein weiterer Verwandter ist der Unterschied zwischen Überreden und Überzeugen; vgl. hierzu mein: »Überreden vs. Überzeugen. Rhetorik vs. Philosophie« , in: G.-L. Lueken und P. Stekeler-Weithofer (Hrg.), *Argumentation* (= Dialektik 1999/1), Meiner: Hamburg 1999, S. 53–79.

Wirklichkeit, einen Bericht dessen, was der Fall ist. Alle diese Änderungen sind Variationen über ein und dasselbe Thema: der Wettkampf, der Streit, die Nichtübereinstimmung *charakterisieren* das Philosophieren. – Das ist nichts Neues? Mit diesem Phänomen haben wir angefangen? – Richtig, aber jetzt sehen wir es *in einem anderen Licht*, nicht mehr als etwas *Akzidentelles*, sondern als zum *Wesen* der Philosophie gehörendes.

**33.** Was wird nun aus dem Bild vom Philosophieren, demzufolge der endlose Streit der Philosophen *als Übel* erscheint? Wie kann man etwas beklagen, was zum *Wesen* einer Sache gehört? Wenn man das, was man beklagt, ändern oder abschaffen will, das Beklagte aber zum Wesen einer Sache gehört, dann kann man das Beklagte nur um den Preis abschaffen, dass man die Sache selbst abzuschaffen bereit ist. Sonst sollte man auch nicht mehr klagen.

Einen Schritt in diese Richtung geht Hegel, indem er den Streit zu etwas *nur Erscheinendem* erklärt – fast (und *nur* fast) so, als ob die Tatsache des allgegenwärtigen Streits auf einer Stufe stünde mit der möglichen Tatsache, dass alle Philosophen Schnurrbärte hätten. Wenn wir zum Zwecke eines schärferen Kontrastes zuspitzen, können wir sagen: In diesem Bild vom Philosophieren gilt, dass etwas entweder Philosophie ist, und dann ist seine Opposition zu anderem, was auch Philosophie ist, akzidentell, oder die Opposition ist wesentlich, dann aber ist es die von Philosophie und Un-Philosophie.

James schließlich erscheint nun als *unfreiwilliger* Karikaturist, d. h. als jemand, der seine eigene Zeichnung nicht versteht, sondern denkt, dass dasjenige, was er zeichnet, auch anders sein könnte. In diesem Sinne ist seine Hoffnung, der Pragmatismus könnte endlich den Lauf der Geschichte der Philosophie ändern, ebenfalls »ungereimt«, und nicht umsonst wurde der Pragmatismus auch immer wieder als Unphilosophie angesehen.[45]

---

[45] Das nach wie vor bekannteste und einflussreichste Bild dieser Art ist wohl das von Richard Rorty; siehe von ihm u. a.: »Keeping Philosophy Pure«, in: *Yale Review,* Vol. 65 (Spring 1976), S. 336–356; und: »Der Vorrang der Demokratie vor der Philosophie«, in: ders., *Solidarität oder Objektivität? Drei philosophische Essays,* Stuttgart: Reclam 1988, S. 82–125. Siehe auch: Hilary Putnam, *Renewing Philosophy,* Cambridge (Mass.)/London (Engl.): Harvard University Press 1992.

# VI.

**34.** Jedes dieser Bilder vom Philosophieren tritt mit dem Anspruch des *wahren* Bildes auf. Da sie einander ausschließen, können sie nicht alle wahr sein – es sei denn, dass die Verschiedenheit der Bilder mit der Verschiedenheit des Abgebildeten zu tun hat. In diesem Fall könnte jedes einzelne Bild *als Bild des Ganzen* falsch und *als Bild eines Teiles des Ganzen* zugleich wahr sein. Die Frage »wahr oder falsch?« hätte als Antwort dann »sowohl als auch; es kommt drauf an, was man im Auge hat«. Und das ist natürlich zur Hälfte auch eine Zurückweisung der ursprünglichen Frage und der Vorschlag, sie zu ersetzen durch eine andere, differenziertere: »Was spricht für, und was gegen, jedes einzelne Bild?«

Der Ersetzungsvorschlag geht mit der Möglichkeit einher, an die Stelle *eines* Bildes vom Philosophieren könnte eine *Vielfalt* solcher Bilder treten. Für die Vielfalt der Bilder vom Philosophieren spricht zunächst die große Vielfalt dessen, was man »Philosophieren« nennt. Aber wenn man auf ganz verschiedene Weise richtig philosophieren kann, was soll es dann bedeuten, von Ruinen oder einem bloßen Herumtappen zu reden? Und inwiefern ist die Geschichte der Philosophie dann eine Geschichte des *Aufeinanderprallens* unterschiedlicher Temperamente? Es wäre doch möglich, dass man am Ende nur sagen kann: Jeder macht Seins. Oder sehen die Akteure nicht, was ihr Tun von dem der anderen unterscheidet? Aber wenn sie es nicht sehen, wie können sie sich dann *kritisieren*? Kurz: Wenn man nur *feststellt*, was alles der Fall ist, kommt man nicht zu einer *normativen*

Dimension, oder wird diese jedenfalls nicht ausdrücklich. In dem Maße, in welchem diese kritische oder normative Intention zum Charakter der Philosophie der Philosophie gehört – zu ihrem Anspruch, uns den Weg zu *berechtigter* Übereinstimmung zu zeigen –, dürfen wir also nicht beim Beschreiben dessen, was der Fall ist, bei der Konstatierung der Vielfalt stehenbleiben.[46]

**35.** Unsere Frage ist: Warum messen (nicht nur) Philosophen das Philosophieren am Rechnen? Die Antwort lautet: Sie tun es, weil sonst die Elemente von Kampf und Leidenschaft, von Bewunderung und Verachtung, von Hass und Liebe – alles Dinge, die allgemeine Übereinstimmung ausschließen – zu starkes Gewicht bekommen. Im Elfenbeinturm braucht es keine »Knittel, Peitschen und Pritschen«. Auf dem Markt dagegen schon. Es stimmt zwar, dass auch die Philosophen ihre Bekenntnisse haben, wie etwa Marx, der, sich dabei an Hume anlehnend, schreibt:

Die Philosophie verheimlicht es nicht. Das Bekenntnis des Prometheus:

Mit einem Wort, ganz hass' ich all' und jeden Gott

ist ihr eigenes Bekenntnis, ihr eigener Spruch gegen alle himmlischen und irdischen Götter, die das menschliche Selbstbewusstsein nicht als die oberste Gottheit anerkennen. Es soll keiner neben ihm sein.[47]

---

46 Siehe hierzu: Rescher, a. a. O.
47 K. Marx, *Differenz der demokritischen und epikureischen Naturphilosophie*, in: Ders. und F. Engels, *Werke*. Ergänzungsband. Erster Teil, Berlin: Dietz Verlag 1981, S. 262. Der Spruch ist im Text in der griechischen

Aber dies ist eben *nicht*, wie Marx meint, *das* Bekenntnis, sondern *ein* Bekenntnis, nicht *der* Philosophie, sondern *einer* Philosophie. Derjenige macht doch keinen *logischen* oder *argumentativen Fehler*, der ein anderes wählt, wie etwa Bachs Widmung eines seiner Notenbüchlein:

Zur Ehre des höchsten Gottes; und dass es meinem Nachbarn wohlgefällt![48]

Man macht keinen logischen Fehler, wenn man das erste oder wenn man das zweite wählt. Einen solchen kann man bestenfalls machen, wenn man beide zugleich zum Motto nimmt. Wenn man nicht beide Bekenntnisse zugleich haben kann, dann, könnte man glauben, muss wenigstens eines – ja, was? falsch sein? oder unangemessen? Wie soll man das entscheiden?

William James meint, wie erwähnt, dass der Philosoph »fühlt, dass Männer von entgegengesetztem Temperament

---

Originalfassung angeführt. Siehe auch den oben erwähnten Text von Pascal als einem ganz ähnlichen früheren Bekenntnis. Hume, auf den Marx sich hier beruft, schreibt: »Es ist gewiss eine Art Beschimpfung für die Philosophie, wenn man sie, deren *souveränes Ansehen* allentхалben anerkannt werden sollte, zwingt, bei jeder Gelegenheit sich wegen ihrer Folgen zu verteidigen und sich bei jeder Kunst und Wissenschaft, die an ihr Anstoß nimmt, zu rechtfertigen. *Es fällt einem dabei ein König ein, der des Hochverrats gegen seine eigenen Untertanen beschuldigt wird.*« (Von Marx übernommen aus der deutschen Übersetzung von Humes *A treatise of human nature* (1739) von L. J. Jakob (Halle 1790, S. 485), Titel: *David Hume über die menschliche Natur aus dem Englischen nebst kritischen Versuchen zur Beurtheilung dieses Werkes von Ludwig Heinrich Jakob*; Hervorhebungen von Marx.)

48 Widmung zu seinem *Orgelbüchlein*. Wittgenstein hat eine Zeitlang erwogen, es als Motto für sein zweites Buch zu nehmen, so wie übrigens auch Butlers oben zitierten Satz.

mit dem wahren Charakter der Welt nicht im Einklang sind […]«. Aber seit wann kann man die Wahrheit *fühlen*? Ist also das eine Bekenntnis *unangemessen*, das andere nicht? Woran misst man hier? Wenn man dies nicht entscheiden kann, öffnet man dann nicht der Willkür Tür und Tor? Und was wird aus der Idee, dass in einem wichtigen Sinne die Philosophie *eine* ist? Wenn man auf sie verzichten will, dann muss man es wohl auch dem Zufall überlassen, ob zum Beispiel der Verfasser einer Gebrauchsanweisung für Waschmaschinen als Autor eines philosophischen Traktates gilt.

**36.** Versuchen wir es mit einer Umformulierung dieser Schwierigkeiten. Angenommen, Wissen und Kämpfen, Erkennen und Bekennen, Überzeugen und Überreden, Logik und Rhetorik, Theorie und Ideologie, Einsicht und Einstellung stehen sich beim Philosophieren nicht gegenüber, sondern gehören stets zusammen. Welches Bild können wir uns von diesem machen, damit wir nicht in die genannten Schwierigkeiten geraten?

Schauen wir dazu noch einmal genauer auf das Vorstehende. Marx' Bekenntnis hat, wie man sagen könnte, zwei Teile: einen positiven und einen negativen; einen, der sagt, *wofür* man ist, und einen, der den *Gegner* benennt. Dies gilt für Bekenntnisse allgemein, auch wenn sie nicht so aussehen. Der Spruch »Die Schalker sind die Größten« verliert seinen Status als Kampfruf, wenn es nur noch Schalke 04 gibt. Aber wenn er kein Kampfruf mehr ist, hat der Spruch »Die Schalker sind die Größten« seinen Witz verloren.

Betrachten wir nach diesem Schema die Klage von Descartes, Schlick u. a. über die fehlende Übereinstimmung unter den Philosophen, dann können wir dies nun selbst als ein *Bekenntnis zu einem bestimmten Bild des Philosophierens* – in diesem Fall zu einem Bild, welches das Philosophieren dem Rechnen nahekommen lässt – *im Gegensatz zu einem anderen* verstehen. So gesehen ist auch Hegels Ablehnung des einfachen Redens von einem Mangel an Übereinstimmung ein Bekenntnis: zu einer Art des Philosophierens, die sich wesentlich vom Rechnen unterscheidet, insofern sie auch Übereinstimmung dort erblicken kann, wo auf die gleiche Frage nicht nur ganz verschiedene, sondern sogar einander ausschließende Antworten gegeben werden.

**37.** Womit wir es, wenn das Vorstehende stimmt, in der Philosophie der Philosophie zu tun haben, wäre ein Streit der *Bekenntnisse* und der sich in diesen ausdrückenden *Einstellungen,* nicht der *Einsichten*. Von Einsicht könnte hier nur insofern die Rede sein, als das gerade Gesagte eine meta-meta-philosophische Einsicht in das Wesen meta-philosophischer Reflexionen wäre. Dies ist – zumindest in Bezug auf die Vergangenheit – die Ansicht von James, und wir sehen nun auch, wieso gerade er es ist, der sie ausdrückt. Als halb inner- und halb außerhalb der Zunft stehend, kennzeichnet ihn, dass er seine ungeheure Beobachtungsgabe zu ihrem Recht kommen lässt. Es *definiert* den Beobachter, dass er das in den *Mittelpunkt* stellt, was er *sieht,* resp. dass ihm das, was vielleicht alle anderen auch sehen, *auffällt*.

Als Beobachter *kann* James *nicht anders,* als zu bemerken, dass mehr als nur Wahrheit und Einsicht zum Philosophieren gehören. Insoweit steht er außerhalb der Zunft. Aber wir sehen jetzt auch den, wenn man so will, *systematischen* Grund für seine »ungeschickte Ausdrucksweise« dessen, was er beobachtet: nur feststellen, was die Phänomene sind, ist dem Philosophen nicht genug. Den Fakt, dass Streit herrscht, bestreitet kaum einer. Aber er interessiert auch nicht als solcher, sondern nur als *Symptom* für Irrtum oder als *Schein*. James ist in einer Zwickmühle. *Als Beobachter* kann er nicht über das hinweggehen, was er sieht; *als Philosoph* kann er sich nicht bei den Phänomenen aufhalten, bei ihnen als solchen stehen bleiben. James hofft – und hierin ähnelt er Hegel –, mit einem Aufstieg auf eine neue Stufe, den anderen einen Spiegel vorhalten zu können, so dass sie einsehen, was sie bisher *eigentlich* getan haben.

**38.** James ist, wie gesagt, in gewisser Weise naiv, das heißt: halb draußen, halb drinnen im philosophischen Gewerbe. Er ist, könnte man auch sagen, dem Wörtchen »eigentlich« noch nicht, oder: nicht mehr?, völlig verfallen. Wäre er es (noch), dann hätte er kein *substantielles* Problem mit dem, was er beobachtet. Das Beobachtete bereitete ihm höchstens ein *technisches* Problem: es wäre in irgendeine Theorie des Philosophierens *einzubauen*. Aber *als Beobachter* bestehen James' Probleme darin, dass ihm einfach zu viel auffällt. Allerdings ist von Vielfalt des Auffallenden hier nicht in dem Sinne die Rede, wie man von jemandem sagen kann, dass ihm jeden Morgen erneut auffällt, dass die Sonne aufgeht. Dass dem Beobachter *zu viel* auffällt, heißt hier: ihm fällt vom Standpunkt des Theoretikers zu viel auf. Der Theoretiker hat als solcher keine Probleme mit der Vielfalt an sich. Soweit er die Phänomene in sein theoretisches System inkorporieren kann, stören sie nicht, sondern bestätigen eher die Fruchtbarkeit des jeweiligen Ansatzes. Dem Beobachter fällt in dem Sinne zu viel auf, als die Vielfalt des ihm Auffallenden theoretisch *ungeordnet* ist.

Mit anderen Worten: James sind schlicht und einfach die Phänomene als solche zu wichtig, als dass er sie irgendeiner Theorie opfern könnte. Es ist aber gerade der philosophische Witz des Wörtchens »eigentlich«, dass es uns erlaubt, zu sagen: Das sieht zwar so und so aus, wie man sehen kann; allerdings!, es sieht eben nur so aus – *eigentlich* ist es ganz anders als es aussieht, es *erscheint* nur so, *ist* aber keineswegs so. Oder: Es ist nicht das, was es zu sein scheint, sondern es ist etwas Anderes. Oder auch: Dies und jenes sehen zwar verschieden aus (sehen aus, als wären sie Verschiedenes), eigentlich sind sie aber gleich (Gleiches), während jenes und dieses zwar gleich aussehen, in Wirklichkeit aber grundverschieden sind ...

Aber ist das alles *mehr* als ein Ausdruck *seines* philosophischen Temperamentes? James *Lösung* kann nicht befriedigen, weil auch sie nur von dem Standpunkt aus als eine solche erscheint, den einzunehmen sie selbst vorschlägt.

**39.** Die beiden zuletzt genannten Herangehensweisen *berufen* sich nicht auf die Vielfalt des Philosophierens, können ihr aber ohne Probleme Rechnung tragen. Sie verbinden sich sogar auf eine natürliche Weise mit ihr. Denn wir können nun auch sagen, dass die verschiedenen metaphilosophischen Bilder *insofern* richtige Bilder sind, als die eine oder andere *Art,* der eine oder andere *Aspekt* des Philosophierens je einem Bild tatsächlich entspricht, oder doch sehr nahe kommt. Die Schwäche eines jeden Bildes besteht dann darin, dass es nicht *allem,* was »Philosophieren« genannt wird, Rechnung tragen kann, sondern manches zu einem nur *scheinbaren* Philosophieren erklären muss. Auf diese Weise macht man die Art, oder den Aspekt, für die ein gegebenes allgemeines Bild als zutreffend empfunden wird, zum *Maßstab*. Damit stellt sich die Frage nach der Rechtfertigung des Maßstabes: Warum sind gerade *diese* Art oder *jener* Aspekt maßgebend und nicht *andere* Arten oder Aspekte? Sagen wir dagegen von den Bildern »Philosophieren ist Rechnen« und »Philosophieren ist Wettstreit«, dass sie eine *partielle* Rechtfertigung finden können, entsteht *dieses* Problem nicht.

Wir müssen also nicht sagen, dass eines der für uns interessanten Bilder des Philosophierens – Philosophieren als Rechnen, Philosophieren als Wettstreit – das wahre Bild des Ganzen der Philosophie ist, denn wir müssen sie nicht als *verschiedene Bilder des ganzen Philosophierens* betrachten. Wir können von den Bildern auch sagen, dass sie (richtige) *Bilder von Teilen (Arten) des Philosophierens* sind, also richtige Bilder von *Verschiedenem*. Und wir können, als dritte Variante, auch sagen, dass sie *eine und dieselbe Sache,* also das *ganze* Philosophieren, auf *verschiedene Weise* darstellen, indem sie eines von zwei im Ganzen des Philosophierens vorhandenen Elementen zum *herrschenden* machen, zu dem, welches die *Gesamtperspektive* bestimmt.

# VII.

**40.** So weit, so gut – so lange wir uns nicht auffallen lassen, dass wir, wenn wir so reden wie im vorhergehenden Abschnitt, wieder eine allgemeine metaphilosophische These aufstellen, so lange wir uns also nicht fragen, ob denn nun wenigstens *diese* Beschreibung die richtige ist. In dem Augenblick, in dem wir dies tun, erhebt sich die Frage, von welcher Position aus *diese* nun gegeben wird. Denn wenn man, statt von falschen philosophischen Bildern des Philosophierens zu reden, von einseitigen Bildern redet, dann verliert zwar die Tatsache, dass es eine Vielfalt solcher Bilder gibt, ihr bedrohliches Aussehen, aber um diesen Übergang vom Falschen zum Einseitigen überhaupt machen zu können, um zum Beispiel sagen zu können, dass von zwei Bildern nicht das eine das Abgebildete richtig (unverzerrt) und das andere falsch (verzerrt) abbildet, sondern beide das Abgebildete (richtig oder unverzerrt) aus verschiedenen Perspektiven darstellen resp. Teile des Ganzen adäquat repräsentieren, muss man in der Lage sein, Bilder und Abgebildetes zu vergleichen. Man muss, anders gesagt, ein eigenes und unabhängiges Bild von der (ganzen) Sache haben. Wie kommt man zu einem solchen Bild? Die Beobachtung *allein* liefert insofern gar kein Bild, als ein solches durch eine bestimmte *Ordnung* des Beobachteten gekennzeichnet ist. Es genügt also nicht, sich die Sache anzuschauen, man muss sich ein Bild von ihr *machen,* indem man das Gesehene in eine Ordnung, ein *Schema* bringt. Jetzt hat man ein Bild – und dieses kann man nun mit den anderen Bildern vergleichen. Nur hat man dann eben wiederum auch nicht mehr als die Andern auch schon haben: eben ein Bild. Und zu sagen, das eigene Bild sei das richtige, hilft nicht, denn das tun auch die Andern.

Gehen wir also wieder den umgekehrten Weg, indem wir uns fragen, wie die *Sache* beschaffen sein müsste, damit die zwei Bilder (Philosophie als Rechnen, Philosophie als Wettkampf) sie etwa einseitig abbildeten. Wir stehen, mit anderen Worten, vor dem Problem, ein Bild vom Philosophieren zu zeichnen, welches beiden Elementen – der Einsicht und der Einstellung – Gerechtigkeit widerfahren lässt, sie sozusagen synthetisiert und es insofern erlaubt, die anderen metaphilosophischen Bilder als einseitige – nicht als falsche – zu betrachten. Philosophie ist, der Synthese zufolge, weder *nur* Wettkampf, noch ist sie *nur* Rechnen. Wir brauchen, wenn man so will, ein *harmonisches* Bild vom Philosophieren, eine die bereits vorhandenen gewissermaßen aufnehmende Philosophie der Philosophie.

**41.** Gehen wir noch einmal ein Stück zurück. Bei Woody Allen hieß es: »Der springende Punkt ist doch: Gibt es da draußen irgendwas? Und warum? Und muss man so einen Lärm darum machen?« – Wann macht man einen Lärm? Zum Beispiel in diesen Fällen: wenn einen etwas *ärgert;* wenn etwas, was einem *am Herzen liegt,* nicht so ist, wie es sein sollte; wenn man glaubt, etwas, was man *gerne hätte,* nur zu bekommen, oder einer Sache, in die man *ungern* gezogen würde, nur zu entgehen, wenn man Lärm macht; u.a.m. Wagen wir eine Verallgemeinerung: Lärm macht man um etwas, was einem *wichtig* ist.

Die Dinge, die wir gerade genannt haben, sind Dinge, die einem so wichtig sind, dass man *gewöhnlich* um sie Lärm macht. Und es sind Fälle, wo der Lärm auf das, was dem Lärmenden wichtig ist, *folgt*. Der Lärm, kann man sagen, ist die *Folge*, das Wichtige der *Grund*. Nun kann allerdings eine Folge ausbleiben, obwohl der Grund gegeben ist; sie kann aber auch eintreten, obwohl es keinen Grund gab. In beiden Fällen kann man Ausschau halten nach Veränderungen der üblichen Umstände, welche die Abweichung von der Regelmäßigkeit erklären können – vorausgesetzt, man kennt sie.

Aber erinnern wir uns daran, dass unser Problem kein zeitliches war. Diese Fälle repräsentieren also nicht die Beziehung, die uns interessiert. Sie ähneln ihr nur. Sie sind auch nicht das, was Woody Allen im Auge hat, wenn er den Philosophen als einen ansieht, der einen Lärm macht. Der Lärm, den der Philosoph *als Philosoph* macht, ist nicht etwas, was auf das folgt, was der Philosoph *als Philosoph* tut, sondern sein philosophisches Tun *ist* der Lärm. *Philosophieren ist Lärmen* – so jedenfalls stellt es sich dar, wenn man es mit den Augen von Woody Allen betrachtet. Der Philosoph macht einen Lärm – wie der Fan einer Mannschaft, zu dessen Wesen es gehört, bei bestimmten Gelegenheiten einen bestimmten Krach zu machen.

**42.** So, wie wir Woody Allen lesen – ein wenig wie eine verkappte Definition –, können wir auch die anderen lesen. Nehmen wir noch einmal Kants Worte: »... wenn es nicht möglich ist, die verschiedenen Mitarbeiter in der Art, wie die gemeinschaftliche Absicht erfolgt werden soll, einhellig zu machen: so kann man immer überzeugt sein, dass ein solches Studium bei weitem noch nicht den sichern Gang einer Wissenschaft eingeschlagen, sondern bloß ein Herumtappen sei, ...« – »Wenn es nicht möglich ist, die verschiedenen Mitarbeiter [...], einhellig zu machen [...]« – aber woher wissen wir denn, dass es nur *bisher* noch nicht möglich war? Warum sollen wir ausschließen, dass es *morgen* gelingen wird, und zwar ohne dass sich mehr ändert als das Datum?

Aber man muss die Prämisse in Kants Worten nicht als Ausdruck eines reinen Glaubens über *Faktisches* betrachten. Wir können seinen Satz auch so lesen, wie wir Woody Allens Bemerkung gelesen haben, nämlich ein wenig wie eine Definition. Wir setzen dann dasjenige, was Kant sagt, dem Fall *entgegen,* in dem jemand über das Wetter sagt: »Wenn bis heute Abend die Wolken nicht verschwunden sind, dann kann man überzeugt sein, dass es morgen nicht sonnig werden wird.« Sprachlich gesehen, scheint es sich um den gleichen Fall wie zuvor zu handeln, unterschieden nur durch die Gegenstände, von denen die Rede ist. Dies zeigt sich darin, dass man in beiden Fällen auch sagen könnte, man glaube etwas nicht – in dem einen Fall etwas über Methode der Philosophie, in dem anderen etwas über das kommende Wetter. Aber dies ist eben nur scheinbare oder nur partielle Gleichheit.

**43.** Ziehen wir, um dies deutlicher zu sehen, noch einen dritten Fall hinzu. Nehmen wir an, der aufrichtige Oppositionsführer sagt: »Wenn die Regierung nicht einmal ihrer eigenen Fraktion die Notwendigkeit des Gesetzes einsichtig machen kann, dann kann man überzeugt sein, dass sie selbst das Gesetz nicht will.« Worum geht es hier? Um einen *Glauben?* Vielleicht auch, aber soweit es um einen solchen geht, kann der Regierungschef den gleichen Glauben haben. Der Oppositionsführer kann *als solcher* so wenig wie der Schalke-Fan glauben, was er will, und sich dann darauf beschränken. (Oder: sofern sie das beide können, besteht ihr Glauben nicht einfach darin, eine geistige Einstellung zu etwas zu haben – und ansonsten die Welt in Ruhe zu lassen.) Das Amt verlangt vom Chef der Opposition nicht nur, der Regierung zu glauben oder ihr nicht zu glauben, er soll nicht nur *Hypothesen* über die Absichten und Handlungen der Regierung aufstellen, sondern er soll sie im *Verdacht* haben, er soll der Regierung *misstrauen*. Wenn er der Regierung in irgendeiner wichtigen Angelegenheit glaubt, und sich dann hinterher herausstellt, dass die Regierung nicht die Wahrheit gesagt hat, dann hat er als Oppositionsführer nicht nur einen falschen Glauben gehabt, wie es die Anhänger der Regierung vielleicht auch hatten, sondern er hat in seinem Amt versagt. Er war gutgläubig, während es seines Amtes ist, Verdächtigungen zu hegen, misstrauisch zu sein.

Lesen wir Kants Worte so, wie wir die Wetterprognose gelesen haben, dann ist Kants Spruch zumindest voreilig. Also lesen wir ihn einmal so, wie wir den Oppositionsführer verstehen, und sagen noch einmal, was wir oben schon gesagt haben, nun aber mit dem Bewusstsein der möglichen Vielfalt der Bedeutung unserer eigenen Worte: In Kants Worten drückt sich ein *Verdacht* aus bezüglich jeder Methode des Philosophierens, die noch nicht zu Übereinstimmung geführt hat. Mit welcher Art von Verdacht haben wir es hier zu tun?

**44.** Wenn wir sagen, dass der Oppositionsführer der Regierung gegenüber *Misstrauen* hegen sollte, dann meinen wir damit, dass es seiner Rolle entspricht, ihr gegenüber eine bestimmte *Einstellung* zu haben. Es scheint also, als würde eine nähere Bestimmung dieser Rolle des Oppositionsführers mindestens zwei Elemente enthalten müssen: erstens, eine nähere Bestimmung des Gegenstandes der Einstellung und dann natürlich, zweitens, eine nähere Bestimmung der Einstellung des Misstrauens selbst. Wenn man die Aufgabe so versteht, dann orientiert man sich an der *Form* der Sätze, mit denen man Einstellungen zuschreibt. »Der Oppositionsführer soll der Regierung misstrauen«, »Der Vorsitzende der Regierungsfraktion soll der Opposition misstrauen« – die Einstellung ist hier stets dieselbe, der Gegenstand jeweils verschieden. »Der Oppositionsführer soll der Regierung misstrauen, während der Vorsitzende der Regierungsfraktion der Regierung vertrauen soll« – hier sind die Einstellungen verschieden, dagegen die Gegenstände dieselben.

Man kann also, wie es scheint, dieselbe Einstellung gegenüber verschiedenen Gegenständen und in Bezug auf dieselben Gegenstände verschiedene Einstellungen haben. So entsteht der Eindruck, die Einstellung einem Gegenstand gegenüber sei gewissermaßen etwas *Zusammengesetztes*, bestehend aus der Einstellung selbst und ihrer Orientierung oder Gerichtetheit auf einen bestimmten Gegenstand. So gelangt man am Ende zu der Idee, man könne Einstellungen sozusagen rein studieren. Aber das geht natürlich nicht, wenn man darunter eine irgendwie an unserem tatsächlichen Tun und Lassen orientierte Untersuchung versteht. Denn dort gibt es keine Einstellungen, die nicht stets schon *auf etwas gerichtet* sind. Wenn man von jemandem sagt, er sei voller Misstrauen, so hat man ihm nur dann wirklich eine Einstellung zugeschrieben, wenn auf irgendeine Weise schon klar ist, wem oder was er misstraut. »Er ist misstrauisch« besagt, wenn es nicht auf einen besonderen Fall bezogen ist, dass er dazu neigt, allen möglichen Personen, Äußerungen usw. zu misstrauen. Es ist insofern nicht die Zuschreibung einer Einstellung, sondern einer Neigung oder Anlage, eine bestimmte Einstellung, im Unterschied zu anderen, einzunehmen.

Wenn wir den Einwand gegen die Möglichkeit einer »reinen« Untersuchung der Einstellung als solcher ernst nehmen, dann scheint es nun aber so, als könnten wir nie herausbekommen, was eine Einstellung *als solche* ist, was es heißt, *überhaupt* misstrauisch zu sein. Bestenfalls könnten wir untersuchen, was es heißt, *der Regierung* oder *dem Chef* oder ... zu misstrauen. Aber wir könnten schon das Eine nicht mit dem Andern vergleichen. Es könnte dann sogar sein, dass das Misstrauen der Regierung gegenüber mehr Ähnlichkeit hat mit dem Vertrauen in die Regierung als mit dem Misstrauen gegenüber dem Chef. – Aber wird auf diese Weise nicht unser gesamtes Zuschreibungsvokabular zu etwas Willkürlichem, aus dem man, eben weil es willkürlich ist, auch nichts über das Wesen der Dinge lernen kann? – Nicht unbedingt! Dass ein bestimmtes Bild dessen, wie eine Untersuchung des Wesens des Misstrauens aussehen sollte, sich als nicht praktikabel erweist, zeugt nicht gegen die Möglichkeit der Untersuchung überhaupt. Denn man kann die Richtung der Untersuchung umdrehen: man geht nicht von dem aus, was das Wort »Misstrauen«, gewissermaßen für sich betrachtet, bedeutet, um dann sagen zu können, mit welchen anderen Worten (Bedeutungen) es zusammen einen sinnvollen Satz bilden kann, sondern wir gehen von den Sätzen aus und lassen uns von diesen über das Wesen des Misstrauens belehren – und zwar derart, dass wir danach Ausschau halten, wo die Grenze verläuft zwischen normalen, alltäglichen, wörtlich zu verstehenden Sätzen, in denen von Misstrauen die Rede ist, und anormalen, nicht alltäglichen, bildhaft oder als Witz zu verstehenden Sätzen.

**45.** Wie ist es mit dem *aktuellen Wetter*? *Misstraut* man ihm? – Nun, vielleicht in dem Sinne, dass man schnelle Wetterumschwünge nicht ausschließen will und das augenblickliche Wetter bestenfalls als ein Indiz für das kommende Wetter ansieht. Für Misstrauen dieser Art gilt, dass nach Eintritt des relevanten Zeitpunktes das Misstrauen *erloschen* ist, sei es, dass es sich bestätigt hat, sei es, dass es nicht gerechtfertigt war. Es hat jedenfalls keinen Sinn, zu sagen, man wäre zuerst misstrauisch gewesen, ob die Wolkenlosigkeit des gestrigen Tages heute halten wird, was sie gestern versprach, und sei nun immer noch misstrauisch, obwohl heute ein sonniger Tag war. Es sei denn, man will sagen, dass man auch dem, was das heutige Wetter für den morgigen Tag verspricht, nicht recht traut. Aber das hat nichts mit dem zu tun, was das gestrige Wetter über das heutige anzukündigen schien. Und der Satz »Er misstraut dem Wetter *als solchem*« sagt, so wie er dasteht, gar nichts. Kurz und gut, Misstrauen gegenüber dem Wetter ist bestenfalls eine Form der Wetterprognose.

Im Falle des Misstrauens der Opposition gegenüber der Regierung liegen die Dinge dagegen anders. Hier haben wir es, wie man sagen könnte, mit einer anderen *Art* von Misstrauen zu tun. Denn selbst wenn es sich herausstellt, dass es der Regierung doch gelingt, die eigene Fraktion für das Gesetz zu gewinnen und dieses verabschiedet wird, muss das Misstrauen ihr gegenüber nicht verschwinden. Es war in diesem *einzelnen Fall* unzutreffend. Aber das Misstrauen, welches die Opposition der Regierung entgegenbringen sollte, ist nicht nur auf eine einzige ihrer Handlungen bezogen. Es betrifft vielmehr das *gesamte* Tun und Lassen der Regierung; wer der Regierung misstraut, der betrachtet alles, was sie tut und lässt, *in einem bestimmten Licht*. Der Unterschied zwischen einem Verdächtigen oder Misstrauen der Regierung einerseits und einem Verdächtigen oder Misstrauen des Wetters andererseits ist so groß, dass man versucht sein könnte, zu sagen, das Wetter könne man eigentlich nicht verdächtigen, ihm könne man nicht wirklich misstrauen.

**46.** Wenn man zur Opposition gehört, dann sollte man der Regierung misstrauen, und dazu gehört, sich in bestimmter Weise zu verhalten. Aber muss oder *sollte* man nun seiner Regierung auch dann misstrauen, wenn man nicht zur Opposition gehört? – Vielleicht sollte man, aber müssen muss man sicher nicht. Es gibt sogar Menschen, die sich nicht einmal vorstellen können, ihrer Regierung zu misstrauen, die es für völlig ausgeschlossen hielten, wenn sie überhaupt auf die Idee kämen, dass die Regierung »Hü!« sagt und »Hott!« denkt. Sind diese Leute nun *dümmer* als die, welche der Regierung misstrauen – so wie wir sagen könnten, dass die dümmer sind als wir, die nicht wissen, dass auch dann, wenn heute die Sonne scheint, am nächsten Tag Regen fallen kann? Sind sie unfähig, eine *Einsicht* zu erlangen?

Dass das aktuelle Wetter nicht immer hält, was es verspricht, ist eine empirische Erfahrung. Dass die Regierung nicht immer tut, was sie sagt, ist auch eine empirische Erfahrung. Wenn einer die besagte Erfahrung mit dem Wetter gemacht hat, dann hat er damit gelernt, was zu lernen ist, die Einsichten erworben, die man erwerben kann. Aber weil Misstrauen gegenüber der Regierung über einen Glauben, eine Prognose über das Verhalten der Regierung *hinausgeht,* kann es sein, dass einer die Erfahrung gemacht hat, dass die Regierung zuweilen nicht die Wahrheit sagt, er aber trotzdem nicht misstrauisch ist. Der Regierung zu misstrauen ist etwas, was man *lernen* muss, um es zu können. Zwar muss man auch erst lernen, Erfahrungen zu machen, bevor man es kann. Aber wie der Fall mit dem Wetter zeigt, hat man mit dem Lernen dessen, wie man Erfahrungen macht, nicht schon gelernt, misstrauisch zu sein.

Das heißt, soweit es um Glauben und Wissen geht, kann der mit uns nicht nur *al pari* stehen, welcher die Regierung nicht einmal für ein mögliches Objekt des Misstrauens hält, er kann sogar klüger sein. Denn Misstrauen macht zuweilen blind. Wenn er nicht dümmer sein muss als wir, was fehlt ihm dann? Nun, soweit es um die Regierung geht, *hofft* und *fürchtet* er nicht, sondern er *stellt nur Hypothesen auf,* er *freut* oder *ärgert* sich nicht über dies oder das, sondern er *stellt Tatsachen fest,* er *bangt* nicht oder ist voller *Schadenfreude,* sondern er *konstatiert* politische Veränderungen usw. Kurz gesagt: sein *Herz* schlägt nicht für oder gegen die Regierung, sie ist ihm nicht *wichtig,* sie *bedeutet* ihm nichts, oder die Bedeutung, die sie für ihn hat, ist der, die sie für uns hat, entgegengesetzt. Das heißt es, wenn wir sagen, er habe nicht die gleiche *Einstellung* zur Regierung wie wir, die wir ihr misstrauen oder die wir ihr unser Vertrauen schenken, obwohl er in Bezug auf das, was er *glaubt,* sich von uns nicht unterscheiden muss.

**47.** Oben hatten wir Fälle aufgezählt, bei denen die Tatsache, dass uns etwas wichtig ist, den *Grund* abgibt für den Lärm, den wir machen. Nach diesem Schema sieht es in dem Fall, der uns jetzt beschäftigt, leicht so aus, als wäre eine Einstellung etwas, was zu einer Erfahrung, einer Einsicht *hinzukommt* – so wie ein Mensch zu den Funktionen, die er schon hat, auch noch die Rolle des Oppositionsführers zugewiesen bekommen kann. Oder so, wie man, wenn man einen Oppositionsführer sucht, sich nach einem Menschen umschaut, der gezeigt hat, dass er misstrauisch sein kann (sich nicht einwickeln, leicht in die Irre führen, von den wichtigen Dingen ablenken, schmeicheln lässt u. a. m.), so dass er, was er bisher gegenüber anderen Angelegenheiten praktiziert hat, nun nur noch auf ein weiteres Gebiet ausdehnen muss. Natürlich muss er auf diesem neuen Gebiet zunächst einmal Erfahrungen sammeln. Die Einstellung bringt er gewissermaßen schon mit, jetzt kommen nur noch neue Einsichten hinzu.

Wenn *wir* nun lernen, einer Regierung zu misstrauen, lernen wir dann *zuerst,* dass Regierungen manchmal ihr Wort nicht halten, und erst *danach,* ihr zu misstrauen, während wir, wenn wir dem Wetter gegenüber nicht die Einstellung des Misstrauens haben, bei den Einsichten ins Faktische stehenbleiben? Und wäre es dann bei denen, von denen wir sagen würden, sie misstrauten dem Wetter wie wir der Regierung, umgekehrt? Zuweilen geht es sicher so zu: Einer betrachtet die Regierung wie andere das Wetter; später lernt er, der Regierung zu misstrauen. Aber noch einmal: Hat er später etwas zu dem, was er schon konnte, *hinzugelernt?* Wenn man will, kann man so reden. Aber dann lastet man sich leicht die Hypothek auf, nun angeben zu müssen, was die Einstellung, als von den Einsichten *getrennt,* sein soll, wie sie aussieht, woran man sie erkennt, ob sie auch gänzlich ohne Einsichten existieren kann.

**48.** Warum Schulden aufnehmen, wenn man alles, was man haben will, auch ohne sie bekommen kann? Wir müssen nicht sagen: der und der hat zu dem und dem die und die Einstellung und zu dem und dem *keine* Einstellung. Wir brauchen, in dem Beispiel, welches wir hier betrachten, nur den Schritt zu tun, nicht nur *Misstrauen* und *Vertrauen* zu den Einstellungen zu rechnen, sondern auch die *Gleichgültigkeit.* Dann brauchen wir auch *nicht* zu sagen, dass das Lernen des Misstrauisch-Seins gegenüber der Regierung in zwei Schritten erfolgt: einem Erwerben von Einsichten in das Verhalten der Regierung, *gefolgt* von einem Lernen einer Einstellung ihr gegenüber, von denen der zweite Schritt auch wegbleiben kann, so dass immerhin noch die Einsichten bleiben. Sondern wir können nun sagen: *Wir erwerben Einsichten stets schon in Verbindung mit Einstellungen.* Wir sehen sowohl das Verhalten der Regierung wie auch die Veränderung des Wetters stets schon in einem bestimmten Licht. Es gibt aber eben nicht nur *ein* Licht, welches die Einstellungen auf die Dinge werfen.

So gesehen, kann man sich nun auch leicht vorstellen, dass Menschen auch dem Wetter gegenüber die misstrauische Einstellung haben können, die manche von uns Regierungen entgegenbringen. Wenn man sich vor Augen hält, in welchem Grade Menschen in bestimmten Regionen der Erde vom Wetter abhängen, dann erscheint dies sogar als eine *natürliche* Einstellung. Für sie ist das gestrige Wetter mit dem heutigen Tag nicht erledigt. Sie verbinden vielleicht ihr *Schicksal* mit dem Wetter. Aber das bedeutet natürlich, dass das ganze Leben dieser Menschen sich von dem unseren deutlich unterschiede, dass ihr Leben fundamental anders wäre als unseres. Insofern kann man sagen, dass Einstellungen mit der *Art des Lebens* zu tun haben, welches die Menschen führen, deren Einstellungen es sind. Das heißt aber auch, dass für die Art, wie *wir* leben, Misstrauen dem Wetter gegenüber unnatürlich ist, während Misstrauen in Bezug auf die Regierung zumindest nicht unnatürlich sein muss. Man könnte sagen, dass wir uns von ihnen so deutlich unterscheiden, dass wir nicht einmal die gleichen Begriffe des Wetters und der Regierung haben. Denn, wie Wittgenstein bemerkt hat:

Begriffe leiten uns zu Untersuchungen. Sind der Ausdruck unseres Interesses, und lenken unser Interesse. (PU 570)

**49.** Wir sagten: *Wir erwerben Einsichten stets schon in Verbindung mit Einstellungen.* – Die Wendung »in Verbindung mit« ist natürlich ein Notbehelf. Er wird gebraucht, um zum Ausdruck zu bringen, dass man Einsichten und Einstellungen in bestimmtem Sinne *nicht* trennen kann. Wenn es jedoch *zwei* Dinge sind, dann muss man sie auch auseinanderhalten können. Sind es dagegen doch nicht zwei Dinge, wozu dann zwei *Worte*? Und wenn es zwei Worte sind, diese aber nicht dieselbe *Bedeutung* haben, müssen es dann nicht zwei unterscheidbare Dinge sein. Also: sind es nun zwei Dinge oder nicht?

Noch einmal – in einem Sinne: ja, in einem andern: nein. Verschiedenheit insofern, als zwei Menschen mit verschiedenen Einstellungen zum Beispiel zu denselben Prognosen kommen können, dass sie hinsichtlich dessen, was sie *wissen* oder *glauben können,* nicht differieren müssen. Also, könnte man schließen, sind Einsichten nicht wesentlich einstellungssensitiv. Dies können sie auch nicht sein, wenn Einsichten und Einstellungen voneinander unabhängig, wenn sie getrennt sind. Aber wenn wir uns nun daran erinnern, dass zu starke Einstellungen zuweilen Einsichten verhindern, dass in den Fällen, in denen der Eine sagt, die Einstellung des Andern hindere diesen, eine bestimmte Einsicht zu erlangen, jener ja auch nicht mehr hat als seine Meinung und eventuell die Zustimmung Dritter, jedenfalls aber keinen unabhängigen Standpunkt, dann lässt die Versuchung, beide Dinge absolut und für immer und für jede Frage zu trennen, merklich nach. Dann gewinnt eine Sichtweise an Interesse, die besagt, dass Einsichten und Einstellungen zusammengehen. Und nur, wenn man bereit ist, nun wieder das erste Beispiel zu vergessen oder zu einem uneigentlichen Fall zu erklären, wird man hier sagen können: Einsichten und Einstellungen gehen *immer* zusammen.

**50.** Es gibt nicht nur eine Einstellung, man kann mehrere haben. Allerdings kann man nicht *einer und derselben* Sache gegenüber *beliebige* Einstellungen *zugleich* haben – aber nicht deshalb, weil es so schwer wäre, sondern weil manche einander ausschließen. Denn was soll es heißen, dass einer einem Menschen gegenüber die Einstellung des *vertrauensvollen Misstrauens* hat? Dass es zwei einander entgegengesetzte Einstellungen gegenüber der gleichen Sache zur gleichen Zeit gibt, kann dann also nur heißen: *ein* Mensch hat diese Einstellung, ein *anderer* die entgegengesetzte, oder: ein Mensch hat *jetzt* diese und *dann* jene. (Ein

Einwand: Wie passt in dieses Bild ein Phänomen wie *Hassliebe*? Die Entgegnung: Nun, es passt entweder dadurch hinein, dass wir die Phasen zwischen dem »jetzt so« und dem »dann anders« sehr kurz halten und ständig wechseln lassen (»jetzt so, dann anders, nun wieder so, danach wieder anders, ..., eine ewiges Hin und Her«), oder indem wir sagen: »Hassliebe ist eine Ausnahmeerscheinung, ein anormaler, pathologischer Fall.«) – Die Anwendung auf unser Bild des Philosophierens als einer »Einheit« von Einsicht und Einstellung ergibt sich fast von selbst.

**51.** Ist das Bild vom Philosophieren, das sich so ergibt, nun nicht doch wieder nur ein weiteres, zu den anderen hinzukommendes und insofern mit diesen auf einer Stufe stehendes? Wenn ja, warum soll es dann *besser, richtiger, adäquater* sein? Wenn nein, was hat es dann mit den anderen zu tun?

Nun, wir brauchen das, was wir gerade vom Philosophieren allgemein gesagt haben, nur auf den Fall des Philosophierens über das Philosophieren anzuwenden. William James etwa wählt als Titel für die erste Vorlesung seiner Hibbert-Reihe *Das pluralistische Universum* folgende These:

Der Prozess des Philosophierens: die Philosophen wählen irgendeinen Teil der Welt aus, um das Ganze mit ihm zu interpretieren.

Eine ganz ähnliche Diagnose findet man bei Wittgenstein:

Eine Hauptursache philosophischer Krankheiten – einseitige Diät: man nährt sein Denken mit nur einer Art von Beispielen. (PU 193; vgl. auch § 3)

Bei Heidegger schließlich heißt es über den Ursprung von Descartes' Ontologie:

Es ist [...] nicht primär die Anlehnung an eine zufällig besonders geschätzte Wissenschaft, die Mathematik, was die Ontologie der Welt bestimmt, sondern die grundsätzlich ontologische Orientierung am Sein als ständiger Vorhandenheit, dessen Erfassung mathematische Erkenntnis in einem ausnehmenden Sinne genügt.
[...] So kommt für Descartes die Erörterung der möglichen Zugänge zum innerweltlich Seienden unter die Herrschaft einer Seinsidee, die an einer bestimmten Region dieses Seienden selbst abgelesen ist.[49]

---

49 M. Heidegger (1927), *Sein und Zeit. Erste Hälfte,* Sonderdruck Jahrbuch für Philosophie und phänomenologische Forschung, Band VIII, hrg. v. E. Husserl, Halle: Niemeyer 1927, S. 96 und 97 f. Siehe für das folgende auch Heideggers oben erwähnten Text: *Was ist das – die Philosophie?*

# VIII.

**52.** Ähnlich wie aus Hegels Worten spricht aus denen Heideggers die Überzeugung, dass die Philosophie der Philosophie nicht *vor* und *unabhängig* von der übrigen Philosophie, hier der Ontologie, gegeben werden kann. Allerdings dreht Heidegger den Spieß jetzt um. Die Methode folgt einer *Idee* vom intendierten Gegenstand, die einen einzelnen Teil von diesem absolut setzt, wenn auch diese Idee nur implizit ist.

So, wie Heideggers Worte dastehen, bleibt vom Moment der Einstellung nichts zurück. Sie löst sich auf in (implizite) Ideen oder Ansichten. Die Theorie absorbiert die Methode, statt dass die Methode die Theorie vorwegnimmt. Damit kehrt sich die Beziehung nur um. Dies ist nicht verwunderlich, wenn man sich vor Augen hält, was Heidegger als mögliche Alternative vorschwebt: Anlehnung an eine *zufällig* besonders geschätzte Wissenschaft vs. *philosophisch begründete* Anlehnung an eine solche.

Heideggers Einwand gegen Descartes' Ontologie zielt darauf, dass in dieser ein bestimmter Teil des Ganzen des Seins, und zwar der mathematisch erfassbare Teil, stillschweigend zum maßgebenden erklärt wird. – Aber liegt das Ganze denn gewissermaßen einfach so herum, so dass man das, was Descartes über es sagt, damit vergleichen kann? Wer legt denn fest, was das Ganze ist? Heidegger? Warum gerade er, wieso nicht Descartes? So betrachtet, mag es voreilig sein, so vorzugehen wie Descartes. Aber es ist allein deshalb nicht schon falsch.

**53.** Die Probleme, in die Heideggers Worte, für sich betrachtet, führen, haben wir schon anlässlich der Betrachtung von Hegels Bemerkungen notiert. Aber es hat sich inzwischen auch gezeigt, dass es in vielen Fällen von (philosophischem!) Vorteil ist, die Worte eines Philosophen, die uns in Schwierigkeiten bringen, nicht so zu nehmen, wie sie dastehen. Übersetzen wir also Heideggers Bemerkung »[...] dessen Erfassung mathematische Erkenntnis in einem ausnehmenden Sinne genügt« einfach in: »Lasst es euch *auffallen, dass nicht alles, was es gibt, mathematisch erfasst wird.*« Denken wir doch an uns selbst! Liebe und Hass, Freundschaft und Feindschaft, Trauer und Freude, Not und Elend usw. usf. Wo kommt hier ein mathematisches Erfassen ins Spiel? Und wenn Brechts These stimmt, dass der Mensch stets vom Menschen ausgeht und nur über ihn den Weg zur übrigen Natur findet, dann ist das Buch der Natur ja vielleicht wirklich in der Sprache der Mathematik geschrieben – aber viel interessanter sind womöglich die vielen schönen Illustrationen, die es enthält. Wie Zeno Vendler treffend bemerkt: »Vincent van Gogh liebte die Farbe Gelb – und sicher nicht wegen ihrer Wellenlänge.«[50]

Sicher, man kann auch einen Menschen messen und wiegen, seine Lieben zählen usw.; aber selbst wenn man alles

---

50 Z. Vendler, »Philosophieren über die Farben: Goethe und Wittgenstein«, in: R. Raatzsch (Hrg.), *Philosophieren über Philosophie*, Leipzig: Universitätsverlag 1999, S. 224. Vgl. auch Edmund Burkes Auseinandersetzung mit der Idee, die Schönheit bestünde in bestimmten Proportionen von Teilen eines Ganzen (Teile der Körper von Pflanzen, Tieren und Menschen, Teile von Gebäuden usw.) im Dritten Teil seiner *Philosophical Enquiry into the Origin of our Ideas of the Sublime and the Beautiful* von 1757 (deutsch: *Vom Erhabenen und Schönen,* übers. v. F. Bassenge, hrsg. v. W. Strube, Hamburg: Meiner 1989, S. 127 ff.).

gezählt, gemessen und gewogen hat, was hier zu zählen, wiegen und messen ist, bleibt noch vieles übrig. Um *dies* zu verstehen, braucht man Anderes als die Mathematik. Zum Beispiel *Menschenkenntnis,* oder die *Kunst,* oder *Religion –* oder eben eine Philosophie wie diejenige Heideggers.

Man könnte hier einwenden, es sei voreilig, Menschenkenntnis einerseits und Rechnen und Wissenschaft andererseits einander gegenüberzustellen. Wenn man nur genügend Informationen über die Person hätte, um die es jeweils geht, so könnte man mit im Prinzip gleichen Verfahren Prognosen erstellen. Und dann würde sich auch wieder Übereinstimmung einstellen. – Aber die Frage ist jetzt natürlich, was hier das Kriterium für »genügend Informationen« sein soll. Wie viel Information haben wir denn im Falle des gewöhnlichen Rechnens? In den mathematisierten Wissenschaften haben wir dann genügend Informationen, um eine Prognose aufzustellen, wenn wir so viel Informationen haben, wie wir brauchen, um die schon bestehenden Techniken und Regeln anzuwenden. Kann man hier also mehr sagen, als dass wir genau dann genügend Information haben, wenn wir rechnen können?

Trotzdem kann man Menschenkenntnis auch lernen, kann man besser oder schlechter darin sein, hilft sie denen, die mehr von ihr haben als die meisten von uns, zu besseren Prognosen als wir sie aufzustellen vermögen. Aber dennoch ist sie *anders* als das rechnende Vorgehen, welches wir etwa von manchen Naturwissenschaften kennen. Mit Wittgensteins Vergleich gesagt:

Es gibt Farbenblindheit und Mittel, sie festzustellen. In den Farbaussagen der normal Befundenen herrscht, im allgemeinen, volle

Übereinstimmung. Das charakterisiert den Begriff der Farbaussagen.

Diese Übereinstimmung gibt es im allgemeinen nicht in der Frage, ob eine Gefühlsäußerung echt, oder unecht ist.

Ich bin sicher, *sicher,* dass er sich nicht verstellt; aber ein Dritter ist's nicht. Kann ich ihn immer überzeugen? Und wenn nicht, macht er dann einen Denk- oder Beobachtungsfehler?

›Du verstehst ja nichts!‹ – so sagt man, wenn Einer anzweifelt, was wir als klar erkennen, – aber wir können nichts beweisen. (*PU* II, S. 227)[51]

## 54.

Nun können wir Heideggers Bemerkung über Descartes' Ontologie so lesen, als wolle sie uns darauf hinweisen, dass man diese so verstehen kann, dass sie uns eine Beschreibung des Ganzen des Seins gibt, *wie es sich vom Standpunkt des mathematisch Erfassbaren darstellt.* Jetzt liegt es natürlich auf der Hand, mit Heideggers Worten das zu machen, was Heidegger mit den Worten Descartes' macht: sie so lesen, dass sie eine Beschreibung des Seins geben, *wie es sich vom Standpunkt des Verstehens des Menschen darstellt.*[52] Wenn wir eine kleine Substitution in Heideggers Worten über Descartes vornehmen, dann können wir diese auch als eine *Selbstbeschreibung* Heideggers lesen:

---

51 Die Ausführungen über die Spezifika des Lehrens und Lernens von Menschenkenntnis folgen gleich darauf; Bemerkungen zur Übereinstimmung als Charakteristikum des Rechnens gehen dem Zitat voran.

52 Sehr plastische Darstellungen dessen, was man mit beiden Sichtweisen jeweils erreichen kann und was sich jeder von beiden »verschließt«, gibt Thomas Nagel. Siehe neben seiner oben genannten Arbeit auch seine Aufsätze »Physicalism« und »What is it like to be a bat?« (beide in: *The Philosophical Review* 74 (1965), S. 339–356 und (83) 1974, S. 435–450; deutsch in: P. Bieri (Hg.), *Analytische Philosophie des Geistes,* Bodenheim: Athenäum ... 1993², S. 56–72, 261–275).

Es ist also nicht primär die Ablehnung einer von vielen zufällig besonders geschätzten Wissenschaft, der Mathematik, was die Ontologie der Welt bestimmt, sondern die grundsätzlich ontologische Orientierung am Sein als Dasein, dessen Erfassung das Verstehen in einem ausnehmenden Sinne genügt.

In dem Maße, in welchem diese Substitution plausibel ist, lässt sich auch im zweiten Absatz des Heidegger-Zitates der einschränkende Bezug auf Descartes tilgen:

So kommt die Erörterung der möglichen Zugänge zum innerweltlich Seienden unter die Herrschaft einer Seinsidee, die an einer bestimmten Region dieses Seienden selbst abgelesen ist.[53]

Hier haben wir Einheit und Unterschied. Nach dieser Lesart verwundert es nicht, dass ein Philosophieren nach Heideggers Vorbild sich signifikant von einem solchen nach Descartes' Vorbild unterscheidet. Menschenkenntnis unterscheidet sich ja, wie wir gesehen haben, in manchen Hinsichten auch radikal vom Rechnen. Sogar die Tatsache, dass nicht jeder dazu einen Zugang findet, passt in unser Bild – ganz zu schweigen von der Verschiedenheit der Kriterien, die hier für einen gelungenen Gedanken maßgebend sind. Trotzdem verhalten sich die Arten des Philosophierens nicht so zueinander, wie Rübensammeln und Musizieren, d. h. so,

---

53 Heidegger erinnert an Me-ti, von dem berichtet wird: »Me-ti lehrte: Das Denken ist ein Verhalten des Menschen zu den Menschen. Es beschäftigt sich viel weniger mit der sonstigen Natur; denn zu ihr geht der Mensch stets den Umweg über den Menschen. Bei allen Gedanken muss man also die Menschen suchen, zu denen hin und von denen her sie gehen.« (B. Brecht, *Me-ti. Buch der Wendungen*, in: ders., Prosa, Bd. IV, Berlin und Weimar: Aufbau-Verlag 1975, S. 11.)

dass man sich fragt, was beide überhaupt miteinander zu tun haben könnten.

**55.** Wenn man die Sache so darstellt, dass klar wird, inwiefern man die »Dinge« (das Sein, der Wille, das Denken, das Gute, die Wahrheit, das Schöne, die Zahlen etc.), von denen man als Philosoph wissen will, was sie sind, durchaus in verschiedenem Licht sehen kann, dann verliert die Frage »Wer hat Recht?« ihren zentralen Platz. An diesen tritt nun die Frage: Was haben die Arten des Philosophierens gemein, und worin unterscheiden sie sich? Kurz: Worin besteht ihre Verwandtschaft? Und diese Frage haben wir ja zu beantworten versucht. Insofern können unseren eigenen Standpunkt in folgender Weise ausdrücken:

Unsere Philosophiephilosophie wird nicht primär bestimmt durch die Anlehnung an eine zufällig besonders geschätzte Ausdrucksweise, diejenige von James, sondern durch die grundsätzlich methodologische Orientierung am Philosophieren als aus Einsicht und Einstellung bestehender Einheit. Deren Erfassung sollen die hier angestellten Vergleiche Gerechtigkeit widerfahren lassen.

Die Erörterung der möglichen Zugänge zum Philosophieren folgt damit einer Idee der Philosophie, die an keiner bestimmten ihrer Formen selbst abgelesen ist, sondern in allen diesen verwandte Gebilde erblickt.

**56.** Wenn man gewissermaßen auf verschiedene, einander ausschließende Weisen richtig philosophieren kann, ist es dann *Zufall,* wie einer philosophiert? Denn wenn es mehr als eine Art gibt, dann muss man, irgendwie, *wählen.* Kann es hier keine *vernünftige* Wahl geben? Ist, was man wählt, nur der Willkür oder dem Zufall der Herkunft und Begegnung geschuldet?

Hier muss man zwei Dinge auseinanderhalten: Ursachen und etwas, was man »Gründe« nennen kann. Es kann Zufall sein, dass es gerade dieser Mensch ist, der auf jene Weise philosophiert, während jener es auf diese Weise tut, einschließlich der jeweiligen Art des Philosophierens über das Philosophieren. Womit wir es hier zu tun haben, ist der Bereich dessen, was in Raum und Zeit fällt, wo es um Ursachen und Wirkungen geht. Jemand hat ein Problem, interessiert sich für etwas – nun, da tut er gut daran, nachzuschauen, ob und was Andere schon darüber zu sagen hatten. Ob ihm dabei dieses oder jenes in die Hand fällt, das ist oftmals genauso Zufall, wie es zufällig ist, ob ihm zuerst dieses oder zuerst jenes unterkommt, wenn ihm im Laufe der Zeit alles unterkommt, was es überhaupt gibt. Und in dem Maße, in welchem sein eigenes Denken Spuren dessen aufweist, was er zufälligerweise gelesen hat, oder Spuren der Reihenfolge seines Lesens, in diesem Maße ist sein Denken eben auch durch den Zufall bestimmt. Aber dieser ganze Bereich von Zufall und Notwendigkeit, von Wirken und Bewirktwerden ist für uns fast ohne jedes Interesse.

Was uns dagegen wirklich interessiert, ist die Tatsache, dass einer jene *Philosophie*philosophie hat, die er nun einmal hat, *wenn* man seine *übrige* Philosophie als gegeben ansieht, und *vice versa*. Eher könnte man sagen: Beide *begründen* einander. Aber weil sie einander *wechselseitig* begründen, *fundiert* nicht das eine das andere, ist keines von beiden *primär*. Deshalb das Zögern oben, einfach von Ursachen oder Gründen zu reden. Ursachen, im gewöhnlichen Verständnis dieses Wortes, interessieren uns nicht; aber um Grund-Folge im *üblichen* Sinne kann es auch nicht gehen. Wie soll man sich dann die Beziehung vorstellen? Mir scheint, am besten spricht man hier von einem *Zusammenklang* der beiden.

**57.** Den Begriff des Zusammenklangs kennzeichnet in unserem Zusammenhang, was schon James' Begriff des Temperamentes auszeichnete: er ist keine philosophisch anerkannte Größe. Allerdings hilft es auch nicht viel, wenn man statt des Wortes »Zusammenklang« andere benutzt, wie etwa Friedrich Waismann:

Was Philosophie ist, ist selbst eine philosophische Frage; und in der Art ihrer Beantwortung zeichnen sich meist schon die Lineamente einer bestimmten philosophischen Meinung ab.[54]

In einer Philosophiephilosophie zeichnet sich *schon* eine übrige Philosophie ab? Das klingt fast wie: Wenn man das Fundament gesehen hat, kann man sich auch schon ungefähr vorstellen, wie das Haus aussehen wird. Das stimmt zwar einigermaßen, ist aber gerade *nicht* die Beziehung, die uns vorschwebt.

Wenn uns also das »schon« nicht gefällt und wir zudem nicht wissen, was es heißen soll, dass sich die Lineamen-

---

[54] Friedrich Waismann, *Logik, Sprache, Philosophie*. Mit einer Vorrede von Moritz Schlick herausgegeben von Gordon P. Baker und Brian McGuinness unter Mitwirkung von Joachim Schulte, Stuttgart: Reclam, 1976, S. 25. Man vergleiche auch Russells oben erwähnten Begriff der Stimmung (mood) oder siehe, was er über die »Motive« des Philosophierens sagt (in seinem *On Scientific Method in Philosophy* (Herbert Spencer Lecture 1914), in: B. Russell, Mysticism and Logic, a. a. O., S. 93–119)

te von etwas in etwas abzeichnen, dann können wir auch gleich sagen, zwei Sachen klingen zusammen. Aber es bleibt dennoch ein *Notbehelf*. Wir brauchen Hilfe, weil wir einerseits nicht sagen wollen, eine Meta-Philosophie stehe zu der Philosophie, zu der sie gehört, in einer *Fundierungs*beziehung (in welcher Richtung auch immer), uns aber andererseits auch die Unterscheidung wichtig ist zwischen denen, die nicht nur in der Erkenntnistheorie Empiristen sind, sondern auch in ihrer Philosophiephilosophie für den Empirismus plädieren, und denen, die in dieser Frage Empiristen und in jener Rationalisten sind. Wir sagen es vielleicht nicht ausdrücklich, aber dadurch, dass wir jene ernster nehmen als diese, dass wir die einen mehr schätzen als die anderen usw., zeigen wir, dass wir nicht damit zufrieden sind, dass jeder macht, was und wie er es will, obwohl es hier zugleich einen gewissen Freiraum gibt. Damit wir von jemandes Philosophie sprechen, muss diese ein Ganzes von Teilen, eine Einheit von Verschiedenem sein. Wenn zwei Teile zusammenklingen, dann folgt nicht notwendigerweise der zweite Teil aus dem ersten oder umgekehrt. Eher könnte man sagen, das Folgen sei eine spezifische Form des Zusammenklingens, die sich auf Sätze oder Behauptungen als Teile bezieht. Ein Fehlschluss wäre dann eine Unterart des Zusammenklingens, die mit dem korrekten Schluss etwas gemeinsam hat, was beide von dem trennt, was Frege »Ungereimtes« nennt und andere vielleicht »ein Überschreiten der Grenze des Sinnes« nennen würden, jedenfalls etwas, bei dem man nicht einmal sagen kann, wie ein korrekter Schluss aussehen *könnte*. Teile, die in dieser Hinsicht auf verschiedenen Seiten der Grenzen des Sinnes liegen, können wiederum in anderen Fällen zusammenklingen – etwa beim Witz.

Man kann jedenfalls nicht einfach beliebige Teile in beliebiger Weise zusammenstellen. *In diesem Sinne* leistet der Begriff des Zusammenklangs das, was uns vorschwebt.

**58.** Die Rede vom Zusammenklingen einer Philosophiephilosophie mit den anderen Teilen der Philosophie, zu der sie gehören soll, ist zwar nur ein Gleichnis, aber eines, an dem sich etwas Wichtiges verdeutlichen lässt: wir können nicht vorgehen, wie es uns gefällt. Oder: falls wir vorgehen, wie es uns gefällt, dann dürfen wir nicht überrascht sein, wenn etwas herauskommt, was nicht besonders schön (folgerichtig, relevant, einsichtig, interessant usw.) ist. Denn wir haben gewisse Regeln, Maßstäbe, Gattungen etc. zu beachten, wenn wir etwas Komplexes zustande bringen wollen, bei dem die Teile zusammenpassen.

»Richtig«, könnte Einer sagen, »wenn wir die Sache unter dem Aspekt der zweckgerichteten Tätigkeit betrachten, dann müssen wir im Falle des Philosophierens unser Augenmerk auf etwas lenken, von dem bisher nur ganz kurz die Rede war: das *philosophische Problem*.« – Manche glauben, und auch oben wurde so gesprochen, dass es *zuerst* das philosophische Problem gibt und *dann* die (verschiedenen) philosophischen Lösungen (Theorien) kommen. In einem Sinne ist das gewöhnlich völlig richtig: im zeitlichen. Im zeitlichen Sinne verstanden, ist es aber auch richtig, dass manches Problem auf vorhergehende Lösungen anderer Probleme folgt und insofern Grund geben kann, an der Lösung selbst zu zweifeln. Aber dieser Sinn interessiert uns nicht. Was uns dagegen interessiert, ist ein nicht-zeitliches »zuerst«.

Was ist das: ein nicht-zeitliches »zuerst«? Nehmen wir

diesen Fall: »Zuerst muss der Mensch in der Lage sein, zu glauben, dass das und das der Fall ist, bevor er in der Lage sein kann, zu zweifeln, dass das und das der Fall ist.« (Der Zweifel ist auch nichts weiter als ein Glaube, nämlich der Glaube, dass das und das nur wahrscheinlich, also nicht mit Sicherheit, der Fall ist? Nun gut, dann formulieren wir den Satz um: »Zuerst muss der Mensch in der Lage sein, zu glauben, dass das und das mit Sicherheit der Fall ist, bevor er glauben kann, dass es nur wahrscheinlich der Fall ist.«) Zeitliches oder nicht-zeitliches »zuerst«? – Richtig ist, dass Kinder alles Mögliche glauben, was ihnen erzählt wird, bevor sie anfangen, manches in Zweifel zu ziehen. So, wie sie gewöhnlich zuerst sitzen können, bevor sie stehen, und zuerst stehen, bevor sie laufen können. Aber letztere Ordnungen *könnten* auch umgekehrt sein. (Wenn es um ein Stehen ohne Festhalten geht, können viele Kinder tatsächlich erst laufen und dann stehen.) Kein Zweifel, wir würden uns wundern, wenn ein Kind schon laufen, aber noch nicht stehen und auch noch nicht sitzen kann. Aber *unmöglich* in dem Sinne, dass wir es uns nicht *vorstellen* können, ist es nicht. Wie steht es in dieser Hinsicht um das Glauben und das Zweifeln? Wenn man sagt, Zweifeln bestehe darin, etwas, was man glauben kann oder soll, mit Gründen in Frage zu stellen, dann muss man also, um zweifeln zu können, auch über Gründe verfügen. (In der anderen Sprechweise: Im Lichte von dem und dem, welches für den Zweifelnden feststeht – sicher ist –, wird das und das zu etwas bestenfalls noch Wahrscheinlichem – Unsicherem, Zweifelhaftem.) Was könnte es aber heißen, über Gründe zu verfügen, jedoch nichts zu glauben? Wenn jemand, der einen Grund hat, etwas zu bezweifeln, damit auch schon etwas glaubt, dann ist es *unmöglich,* dass man, aufs Ganze gesehen, *erst* zweifelt und *hinterher* glaubt. *Indem* man *zweifelt,* könnte man sagen, *glaubt* man auch schon irgendetwas. (*Indem* man etwas für *wahrscheinlich hält, hält* man etwas anderes schon für *sicher.*) – Wenn wir hier die Klausel »könnte man sagen« einfügen, dann deshalb, weil es nicht so klar ist, welchen Sinn es hat, von jemandem, der gar nicht zweifeln *kann,* zu sagen, er glaube etwas mit Sicherheit. Wollte man dagegen sagen, er glaube eben gewissermaßen nur *einfach,* dann hat man damit schon unseren gewöhnlichen Begriff des sicheren Glaubens modifiziert. Denn auch zu ihm gehört, dass man zweifeln kann. Dass unsere Begriffe des Glaubens und des Zweifelns in einer logischen Ordnung stehen, der zufolge der Begriff des Glaubens *vor* dem des Zweifelns kommt, bedeutet eben auch, dass kein Begriff des Glaubens, dem nicht gewissermaßen auf dem logischen Fuße ein Begriff des Zweifelns folgt, *unser* Begriff des Glaubens ist. Dennoch: obwohl sie zusammengehören, geht der eine Begriff, logisch gesehen, dem anderen voran.

**59.** Wenn man das Verhältnis »Problem – Lösung« nicht nach dem Muster »Sitzen – Stehen«, sondern nach dem Muster »Glauben – Zweifeln« betrachtet, dann ist klar, dass sich auch schon *im philosophischen Problem* die »Lineamente einer Lösung abzeichnen«.[55] Oder, wie Marx einmal gesagt hat: »Die richtige Stellung eines Problems ist schon inklusive seine Lösung.« (Der Satz ist negationsresistent, soll heißen, es gilt auch: die falsche Stellung eines Problems ist schon inklusive ihre Nichtlösung.) Das ist es auch,

---

55 Vgl. auch: G. E. Moore, *Principia Ethica,* Reclam: Stuttgart 1970, S. 3 f.

scheint mir, was der im 10. Abschnitt zitierten Großen Befürchtung von Moritz Schlick ihre philosophische Tiefe, ihr philosophisches Gewicht verleiht: dass die Philosophie es noch nie zu einem echten Problem gebracht habe.

Insofern hilft uns die Einbeziehung des philosophischen Problems als eines Faktors des Philosophierens auch nicht, die Frage »Wer hat Recht?« zu beantworten. Diese Frage stellt sich schon auf der Stufe des Problems selbst. Sondern man muss unterscheiden zwischen einer *artinternen* und einer *artübergreifenden* Fragestellung. Kriterium der Artzugehörigkeit ist der Standpunkt, den man einnimmt, sei es, indem man ein Problem formuliert, sei es, indem man eine Lösung vorschlägt. *Indem* man in der Philosophie irgendetwas sagt, nimmt man einen Standpunkt ein.

Was man von James, Heidegger und Wittgenstein lernen kann, ist die Einsicht, dass jeder der möglichen Standpunkte seinen Grund im Leben hat, welches *wir*, nicht der *einzelne* Philosoph, führen. In einem philosophischen Standpunkt gehen Einsicht und Einstellung zusammen. Man betrachtet die Dinge in bestimmter Weise – aber diese Art des Betrachtens ist eben nur da, wo auch etwas betrachtet wird. Dass die Weise des Betrachtens völlig unabhängig von dem ist, was betrachtet wird, ist eine Illusion, die sich daraus ergibt, dass man Verschiedenes auf die gleiche Art und Gleiches auf verschiedene Weise betrachten kann.

In der Einstellung zeigt sich, was einem wichtig ist. Die Einnahme dieses oder jenes Standpunktes ist keine Wahl, die man *nach* reiflicher Überlegung trifft. Schon mit dem reiflichen Überlegen nimmt man einen Standpunkt ein. »Es gibt keinen Punkt außerhalb!« – könnte man versucht sein zu sagen, wenn man nur wüsste, wie der aussehen soll, von dem man so gerne sagen möchte (und oft sagen hört), dass es ihn nicht gibt. Man fängt an, und ist sofort mittendrin. Es gibt keinen *schrittweisen* Weg in die Philosophie – es gibt nur den *Sprung*. *Wege*, die man langsamer oder schneller, überlegter oder spontaner gehen kann, gibt es nur in und außer ihr, nicht aber von außen nach innen. Innen (und natürlich auch außen) kommen Gründe ins Spiel und mit ihnen Versuche, andere zu überzeugen. *Hier* geht es um Wahrheit, soweit es in der Philosophie um Wahrheit gehen kann. Hier kommen begründete Wahlen in Betracht.

**60.** Die Verwechslung zwischen artinternen und artübergreifenden Fragen führt dazu, dass man aneinander vorbeiredet. Nur mit denen reden, die zur eigenen Art gehören, ist zwar das einzige, was man tun kann, wenn man andere *überzeugen* will, man kann es aber auch als eine Form von Aspektblindheit ansehen. Oder, in unserem Bild vom Zusammenklang gesagt: manche Leute finden nie einen Zugang zur Oper, sondern messen jede Musik daran, ob man nach ihr marschieren kann. Aber was soll man sagen, wenn einer die Ouvertüre zum Don Giovanni mit den Worten kommentiert: »Schlechter Marsch!« Soll man sagen: »Falsch!«, so dass jener nun denkt, wir hielten diese, wie Goethe meint, Mozart von Gott diktierte Musik für einen *guten* Marsch? Oder sollen wir sagen: »Es ist gar kein Marsch!«, wenn wir doch wissen, dass er nur antworten wird: »Ich rede nicht davon, wie diese Töne erscheinen, sondern davon, was sie eigentlich sind.«

**61.** »Philosophie« heißt: »Liebe zur Weisheit«. Die *ganze* Weisheit (Einsicht, Wahrheit), findet sich nach dem hier vorgestellten Bild vom Philosophieren nicht in dieser oder jener ihrer Arten, sondern im *Ganzen ihrer Formen*. Genommen als Einheit von Einsicht und Einstellung, zeigt sich in der Vielfalt des Philosophierens eine Vielfalt von Aspekten, unter denen man die Welt – den Menschen, die Zahlen, den Geist, die Handlungen, die Körper, die Töne, die Formen etc. – betrachten kann.

In der hier entwickelten Perspektive sind diejenigen Stellen die interessantesten, an denen Schwierigkeiten ausbrechen, an denen sich zeigt, *wie weit* man einen Standpunkt zwanglos durchhalten kann und wo man ihn vielleicht aufgeben muss, wenn man an Gründen und Einsichten festhalten will, also die Stellen, an denen das, was zusammenklingen sollte, plötzlich disharmonisch wird. Insofern ist, dem hier entworfenen Bild von der Philosophie zufolge, diese wesentlich auch *Kritik*. In diesem Sinne sagt man also selbst etwas Wichtiges, wenn man sagt, die Frage, was Philosophie sei, sei die wichtigste Frage der Philosophie überhaupt – was man aber wohl nur sagen wird, wenn man eine bestimmte Einstellung zur Philosophie hat.

# I'.

**62.** Wir sind, wenn wir das Philosophieren auf unsere Weise betrachten, wieder da, wo wir anfingen: beim ganz Alltäglichem und Vertrautem. Aber wenn wir unsere Aufgabe erfüllt haben, dann steht am Ende nicht etwas völlig Unglaubliches und Unerhörtes, sondern wir haben in das Alltägliche und Vertraute eine gewisse Ordnung gebracht. Sie erlaubt es, dass wir uns besser zurechtzufinden. Wie erreichen wir diese Ordnung? Zuallererst, könnte man sagen, indem wir dem Alltäglichen (wieder) vertrauen. Das heißt, dass wir nichts *hinter* ihm annehmen, was ihm erst sein wirkliches Gesicht verleiht. Dies zu tun, sieht allerdings ganz danach aus, als wolle man den Schwierigkeiten des Philosophierens gerade ausweichen, statt sie anzugehen. Also braucht es zusätzlich zum Vertrauen auch Mut. Den kann man sich, scheint mir, vor allem bei William James holen. Denn bei ihm sieht man nicht nur, wie nötig Mut ist, wenn man mit neuen Betrachtungsweisen daherkommt, sondern auch, wie weit man zuweilen damit kommen kann – wenn die Betrachtungsweise etwas taugt. Aber woher weiß man, ob sie das tut? – Dafür gibt es natürlich kein allgemeines Rezept, gestützt etwa auf eine Theorie der Philosophie. Aber das heißt eben nicht, dass es gar nichts gibt. Manchmal macht sich ja schon der *Instinkt* bemerkbar, eine Art »philosophischer Geruchssinn«, und meldet, dass dies oder jenes *fishy* riecht, auch wenn wir nicht genau sagen können, woran es liegt. Ein philosophisches Ohr, welches einen Disharmonien hören lässt. Es stimmt zwar, dass das Hineinwachsen in eine philosophische Schule einem Vorgang der Domestikation ähnelt, also damit einhergeht, dass der natürliche Instinkt entweder eingeschläfert wird oder, wenn das nicht gelingt, eine Technik erworben wird, ihn zum Schweigen zu bringen. Aber manchmal häufen sich die Probleme innerhalb einer Schule derart, dass fast nichts übrig bleibt als ein »Zurück zur Natur!« – in unserem Fall also ein »Zurück zum philosophischen Instinkt!«. Dabei braucht man sich nicht *nur* auf den Instinkt zu verlassen – es reicht, wenn man ihn am Leben erhält. Wenn der Philosoph Glück hat, dann hilft ihm auch, so wie manchem Künstler, die Reaktion des Publikums. Schließlich gibt es auch noch Faustregeln, Vorbilder, lehrreiche Desaster, erfahrene Leute, die uns Tipps und Hinweise geben können. Wie etwa Johann Wolfgang von Goethe, der in seinen *Maximen und Reflexionen* schreibt:

Man suche nur nichts hinter den Phänomenen: sie selbst sind die Lehre.

Kein Phänomen erklärt sich an und aus sich selbst; nur viele, zusammen überschaut, methodisch geordnet, geben zuletzt etwas, das für Theorie gelten könnte.[56]

---

56 J. W. Goethe, *Maximen und Reflexionen*, Hamburger Ausgabe XII, München 1955; es handelt sich um die Einträge mit den Nummern 488 und 500.

# Nachwort

Die Fülle des Materials, welches man zu dem in der vorliegenden, kleinen Schrift betrachteten Problem finden kann, ist derart groß, dass man leicht auf die Idee kommt, es könne wohl kaum einen Gedanken geben, der nicht schon einmal gedacht, keinen Einfall, der nicht schon gehabt, keine Perspektive, die nicht schon eingenommen – und dann auch schriftlich ausgedrückt wurde. Es kann also durchaus sein, dass nichts von dem, was ich in der vorliegenden Arbeit zu sagen habe, neu ist.

Gegeben die Menge des bereits Vorhandenen, wird hier jedenfalls nicht mehr als ein kleiner Ausschnitt geboten. Dies gilt nicht nur für die Vielfalt der Probleme und der vorgeschlagenen Lösungen, die sich unter den Titel »Philosophiephilosophie« zusammenfassen lassen, sondern auch für die Vielzahl von Autoren, die sich zu diesem Thema geäußert haben, obwohl schon eine ganze Reihe von ihnen zum Sprechen kommt.

Zum Beispiel wird nirgends etwas zum 17. Kapitel des Zweiten Bandes von Schopenhauers *Die Welt als Wille und Vorstellung* gesagt. Dieses Kapitel trägt den Titel »Über das metaphysische Bedürfnis des Menschen« – und das Kapitel hält, was der Titel verspricht. Der Band II der Schrift *Die Welt als Wille und Vorstellung* enthält, wie sein Untertitel sagt, »die Ergänzungen zu den vier Büchern des ersten Bandes«. Kapitel 17 von Band II gehört in diesem Sinne zu § 15 des ersten Bandes. – Warum erwähne ich das? – Erstens, weil an diesem Fall augenscheinlich wird, was in dem vorhergehenden Text nicht immer so deutlich sein mag: dass es nicht unproblematisch ist, einzelne Äußerungen oder Passagen aus dem Kontext ihres Ursprungsortes zu lösen. Aber wie William James schon gesagt hat: das Individuum widersteht der Klassifikation. Es widersteht, kann man ergänzen, auch der Formanalyse. Also kann, wo es auf diese ankommt, das Individuum als solches nur in begrenztem Umfang zu seinem Recht kommen. Allerdings, und das ist der zweite Grund, warum hier über Schopenhauer nichts gesagt wird, wiegt der Verlust des Individuellen nicht in allen Fällen gleich schwer. Bei Schopenhauer wiegt er in meinen Augen so schwer, dass man am besten daran tut, ihn einer gesonderten Betrachtung zu unterziehen.

Aber ein Punkt soll dann doch noch erwähnt werden. Gegen Ende der *Vorrede* zur ersten Auflage seines Hauptwerkes schreibt Schopenhauer:

[…] gebe ich mit innigem Ernst das Buch hin, in der Zuversicht, dass es früh oder spät diejenigen erreichen wird, an welche es allein gerichtet sein kann, und übrigens gelassen darin ergeben, dass auch ihm in vollem Maße das Schicksal werde, welches in jeder Erkenntnis, also umso mehr in der wichtigsten, allezeit der Wahrheit zuteil ward, der nur ein kurzes Siegesfest beschieden ist zwischen den beiden langen Zeiträumen, wo sie als paradox verdammt und als trivial geringgeschätzt wird.

Dies klingt ein wenig resignativ, und wenn man liest, was Schopenhauer in den vorhergehenden Absätzen schreibt und dass er im nächsten Satz hinzufügt, das erste Schicksal pflege den Urheber der Erkenntnis mitzutreffen, dann meint man schon, einige Bitterkeit zu vernehmen. Wenn jedoch an dem Bild, welches in der vorliegenden Arbeit vom Philosophieren gezeichnet wird, etwas dran ist, dann liegt das eigentümliche Schicksal jeder Erkenntnis nicht in der Schlechtigkeit der Welt im Allgemeinen und der philosophischen Rezensenten im Besonderen begründet, sondern in der Natur des Philosophierens selbst. Am Beispiel des durch Wittgensteins *Philosophische Untersuchungen* (Kapitel xi von Teil II) berühmt gewordenen Hasen-Enten-Kopf von Jastrow erläutert: das »kurze Siegesfest«, von dem Schopenhauer spricht, ist nicht mehr als die kurze Zeitspanne, in welcher man, im Bild gesprochen, im Hasenkopf den Entenkopf entdeckt: Es ist der Moment, in dem man einen neuen Aspekt am schon Bekannten entdeckt, so dass das Bekannte zu etwas Neuem, bis dahin vielleicht Unbekanntem wird. – Mir scheint, dass man, auch nach Schopenhauers Maßstäben, als Philosoph nicht mehr Trost erwarten darf, als man dadurch erlangen kann, dass man versteht, wie es in der Welt, also auch in der Philosophie, von sich aus zugeht.

In einem anderen Fall habe ich den Verdacht, vielleicht offene Türen einzurennen. Während ich mit dem Fertigstellen der Arbeit für den Druck beschäftigt war, wies mich Klaus-Dieter Eichler (Leipzig) in einem anderen Zusammenhang auf das Buch *Nietzsches Idee einer Experimentalphilosophie* (Köln und Wien: Böhlau 1980) von Friedrich Kaulbach hin. Meine eigenen Überlegungen ähneln den dort, vor allem im IV. Kapitel, Nietzsche zugeschrieben. Ich kann leider nicht beurteilen, ob das Bild, welches der Autor von Nietzsche zeichnet, ein treffendes Bild ist. Aber in dem Maße, in dem es eines ist, gibt es nicht nur Ähnlichkeit, sondern auch einen tiefgreifenden Unterschied. Für Nietzsche ist, Friedrich Kaulbach zufolge, die Philosophie ein Ganzes von Teilperspektiven, welches von einer ausgezeichneten Perspektive zusammengehalten wird. Zu dieser ausgezeichneten Perspektive muss ich mich *entscheiden*. Auch in der vorliegenden Schrift wird die Überzeugung vertreten, dass die Beschränkung auf eine einzige Sichtweise ein »Akt der Ungerechtigkeit« ist, dem als gerecht die Anerkennung einer Vielfalt möglicher Perspektiven gegenüberstehen soll. Bekanntlich sind Justitias Augen verbunden, so dass sie nicht sehen kann, wer oder was auf ihrer Waage liegt. Dies ist die Stelle, an der das Gleichnis hinkt. Die Philosophie kann sich nicht zugleich die Augen verbinden und sehen wollen, was das Wesen der Welt, einschließlich des Philosophierens selbst ist. Also kann sie, wie es scheint, nur die ihr inhärente Ungerechtigkeit mildern. Man könnte also von einer *gerechten Ungerechtigkeit* oder einer *ungerechten Gerechtigkeit* reden. Soweit man, wie Nietzsche, in diesem Zusammenhang mit den Begriffen »Gerechtigkeit« und »Ungerechtigkeit« operieren will, kommt man um eine solche Schlussfolgerung vielleicht nicht herum. Aber man muss natürlich nicht mit diesen Begriffen operieren.

Dagegen versuche ich in dieser Arbeit, die Gerechtigkeit tatsächlich blind sein zu lassen – und zwar indem ich Goethes Idee einer morphologischen Betrachtungsweise als philosophische Methode übernehme und auf das Philosophieren selbst anwende. Diese Methode ist in meinen Augen diejenige, mit der man am ehesten in den Zustand einer gerechten Ungerechtigkeit – oder wie ich es lieber ausdrücken würde: einer *aktiven Kontemplation* – gelangt. Was einer einfachen Übertragung der von Goethe vor allem für eine, um Wittgensteins Ausdruck zu benutzen, »übersichtliche Darstellung« von Erscheinungen im Pflanzen- und Tierreich entwickelten Methode entgegensteht, ist natürlich die Vorstellung, die man sich gemeinhin von der Rolle des Arguments in der Philosophie macht. Aber wenn man erst einmal den Zusammenhang von Einsichten und Einstellungen erkannt und die, gewissermaßen, *Willkürlichkeit* der Einstellungen als Tatsache hingenommen hat, dann bildet die Vielfalt des Philosophierens auf einen Schlag eine übersichtliche Reihe – und zwar ohne dem Argument etwas von seiner Wichtigkeit zu nehmen.

Es gibt, wie gesagt, nicht nur viele Autoren, die hier nicht erwähnt werden, sondern auch viele Ideen und Probleme einer Philosophiephilosophie, die ich nicht oder kaum berühre. Ich nenne als Beispiel nur eines dieser Probleme. Es drückt sich in der Frage aus: Gibt es in der Philosophie einen Fortschritt? Die hier entwickelte Sichtweise bietet als einfachste Antwort an: Ja, es gibt einen Fortschritt in der Philosophie; und er besteht darin, dass mehr und mehr Sichtweisen, mehr und mehr Standpunkte gefunden und ausprobiert resp. eingenommen werden. Aber dem widerspricht offensichtlich das Gefühl, dass in der Philosophie wenig *wirklich* neu ist, sondern vieles nur *Umformulierung* von schon Bekanntem. In einem Sinne steht dies dem Urteil, welches diese Arbeit nahelegt, auch gar nicht entgegen.

Noch einmal am Beispiel des Hasen-Enten-Kopfes erläutert: Wenn jemand der Ansicht ist, dass der Hasenkopf u. a darin besteht, dass die beiden langen, spitzen Bögen auf der linken Seite die Ohren des Hasen sind, dann stimmt er mit jemandem, der den Hasenkopf für einen Entenkopf hält, immerhin in dem Punkt überein, dass links zwei lange, spitze Bögen sind, auch wenn er diese dann »Entenschnabel« nennt. Wo hört nun allgemein gesprochen, die Übereinstimmung auf und fängt die Umformulierung an?

Diese kleine Schrift geht auf mehrere Vorträge zurück, die ich im Laufe der letzten Jahre an verschiedenen Orten gehalten habe. Mal lag der Schwerpunkt auf dieser, mal auf jener Seite oder Facette des Ganzen. Es war ein Prozess, den man am besten mit Kleists Worten als »allmähliche Verfertigung der Gedanken beim Reden« kennzeichnen könnte. Die anfänglichen Gedanken wurden so weitgehend modifiziert, dass es schwer zu sagen ist, ob sie im Laufe der Zeit *fertig-* oder überhaupt erst *her*gestellt wurden. Wie auch immer, es geschah allmählich; und es geschah beim Reden, d. h. es handelt sich durchweg um *Vorträge*, nicht um *Aufsätze*. Der vorliegende Text ist eine Art von Zusammenfassung dieser metaphilosophischen Reden.

Der Text ist – hoffentlich in Übereinstimmung mit dem hier vorgelegten Bild – auch ein *Bekenntnis*, ein Ausdruck meiner eigenen Einstellung. Dieser Aspekt reicht bis in die Auswahl der zitierten und erwähnten Autoren hinein. Es sind diejenigen, von denen ich glaube, am meisten gelernt zu haben, denen ich mich am nächsten fühle, selbst wenn die Nähe nur partiell ist, oder gar die Nähe, die entsteht, wenn man sich mit jemandem auseinandersetzt. Natürlich ist die Nähe in diesem Fall keine Funktion des Zitationsindexes. (Kierkegaard zum Beispiel kommt nur einmal und nur in einer Fußnote vor.) Soweit ich das selbst beurteilen kann, reicht die Übereinstimmung mit Wittgenstein am weitesten. Jedenfalls ist sein Ideal auch das meine: Ein kühler Tempel, der den Leidenschaften ihren Raum lässt und sich nicht in sie mischt.

Der Titel des Vortrages, aus dem diese kleine Schrift *unmittelbar* hervorging, lautete: *Über Einsicht und Einstellung in der Philosophie*. Den aktuellen Titel hat dann Georg Meggle (Leipzig) vorgeschlagen. Ich bin Georg für die großzügige Überlassung des Titels zu Dank verpflichtet. Georg Meggle war auch derjenige, der verschiedene Fassungen des Textes gelesen und kritisch kommentiert hat. Ich weiß die Ermunterung, die er mir in verschiedenen Stadien der Arbeit an diesem Text zukommen ließ, sehr zu schätzen – umso mehr, als mein Bild des Philosophierens sicher nicht das ist, von dem Georg glauben möchte, dass es ein zutreffendes Bild sei.

Jürgen Engfer, Peter Fischer, Frank Kannetzky, Andreas Luckner, Christian Plunze, Pirmin Stekeler-Weithofer und Gerhard Terton (alle Leipzig) haben den Text gelesen und mich vor manchem Fehler bewahrt – bis auf diejenigen natürlich, auf denen ich bestanden habe. Auch ihnen gilt mein Dank.

Joachim Schulte, mit dem ich während eines Semesters als Gast an der Abteilung Philosophie der Universität Bielefeld zusammen sein durfte, hat mich mit Rat und Tat unterstützt. Herr Dr. Dietrich Klose vom Reclam-Verlag hat mich erfahren lassen, wie ein Lektor einen Autor froh und glücklich machen kann. Die VW-Stiftung hat in dem Maße dafür gesorgt, dass die Freude ungetrübt blieb, wie finanzielle Sorgen Autorenfreuden trüben können.

Leipzig, im April 1999
Richard Raatzsch

# Nachbemerkung zur 2. Auflage

Für die Neuauflage des Büchleins wurde dieses weitgehend so gelassen, wie es war. »Weitgehend« heißt jedoch nicht »vollständig«. Die vorgenommenen Änderungen betreffen vor allem Fragen der Rechtschreibung, aber hin und wieder wurde auch ein Satz in seinem Aufbau angegriffen oder gar gestrichen, und ein anderer hinzugefügt. Herr Schindler von Verlag Springer VS hat mich bei all dem mit Begeisterung und Geduld unterstützt.

Wiesbaden, im November 2013

The manufacturer's authorised representative in the EU is Springer Nature Customer Service Centre GmbH, Europaplatz 3, 69115 Heidelberg, Germany. If you have any concerns regarding our products, please contact ProductSafety@springernature.com

Printed and bound by CPI Group (UK) Ltd, Croydon, CR0 4YY
23/03/2026
02076395-0001